FACULTÉ DE DROIT DE L'UNIVERSITÉ DE BORDEAUX

DE
L'INFANTICIDE

THÈSE POUR LE DOCTORAT

Soutenue devant la Faculté de Droit de Bordeaux, le Mardi 27 Juin 1905, à 2 h. 1/2 du soir

PAR

Octave GAUBAN

AVOCAT

BORDEAUX
IMPRIMERIE Y. CADORET
17 — RUE POQUELIN-MOLIÈRE — 17
—
1905

DE

L'INFANTICIDE

THÈSE POUR LE DOCTORAT

Soutenue devant la Faculté de Droit de Bordeaux, le Mardi 27 Juin 1905, à 2 h. 1/2 du soir

PAR

Octave GAUBAN

AVOCAT

BORDEAUX

IMPRIMERIE Y. CADORET

17 — RUE POQUELIN-MOLIÈRE — 17

—

1905

FACULTÉ DE DROIT DE L'UNIVERSITÉ DE BORDEAUX

DOYEN ET PROFESSEUR HONORAIRE : M. BAUDRY-LACANTINERIE, ✳, ✿ I.

PROFESSEURS HONORAIRES
{ MM. SAIGNAT, ✳, ✿ I.
BARCKHAUSEN, O. ✳, ✿ I., membre correspondant de l'Institut.

MM. MONNIER, ✳, ✿ I., *Doyen*, professeur de *Droit romain*, chargé d'un cours complémentaire d'*Histoire du droit public français* (Doctorat).

DE LOYNES, ✿ I., professeur de *Droit civil*.

VIGNEAUX, ✿ I., professeur d'*Histoire du droit*.

LE COQ, ✳, ✿ I., professeur de *Procédure civile*.

LEVILLAIN, ✿ I., professeur de *Droit commercial*.

MARANDOUT, ✿ I., professeur de *Droit criminel*.

DESPAGNET, ✿ I., professeur de *Droit international public*, chargé d'un cours complémentaire de *Droit international privé* (Licence).

DUGUIT, ✿ I., assesseur du Doyen, professeur de *Droit constitutionnel et administratif*, chargé d'un cours complémentaire de *Principes du droit public et droit constitutionnel comparé* (Doctorat).

DE BOECK, ✿ I., professeur de *Droit romain*, chargé d'un cours complémentaire d'*Histoire des Doctrines économiques* (Doctorat).

DIDIER, ✿ I., professeur de *Droit maritime* et de *Législation industrielle*, chargé d'un cours complémentaire de *Droit commercial approfondi et comparé* (Doctorat).

CHÉNEAUX, ✿ A., professeur de *Droit civil*, chargé d'un cours complémentaire de *Droit civil approfondi* (Doctorat).

SAUVAIRE-JOURDAN, ✿ A., professeur d'*Economie politique et Science financière*, chargé d'un cours complémentaire de *Législation et Economie coloniales*.

BENZACAR, ✿ A., professeur d'*Economie politique*, chargé d'un cours complémentaire de *Législation française des finances et Science financière* (Doctorat).

FERRON, ✿ A., professeur de *Droit civil*, chargé d'un cours complémentaire de *Droit civil comparé* (Doctorat).

BARDE, ✿ I., professeur de *Droit administratif*, chargé d'un cours complémentaire de *Droit administratif (Juridiction et contentieux)* (Doctorat).

MM. BENOIST, ✿ I., *Secrétaire*.

PLATON, ✿ I., ancien élève de l'Ecole des Hautes Études, *sous-bibliothécaire*.

LALANNE, ✿, *commis au secrétariat*.

COMMISSION DE LA THÈSE

MM. MARANDOUT, professeur........... *Président*.
LE COQ, professeur.............. } *Suffragants*.
DUGUIT, professeur..............

DE

L'INFANTICIDE

INTRODUCTION

L'infanticide, c'est-à-dire, d'après la législation française,
« le meurtre ou l'assassinat d'un enfant nouveau-né », est le
crime qui a subi, à travers les âges, l'évolution la plus remarquable et dont les diverses transformations ont été, plus que
pour tout autre, le reflet fidèle des mœurs, du milieu social
et du degré de civilisation. Demander l'âge de l'infanticide,
c'est à peu près demander l'âge du monde ; il a existé à toute
époque et chez tous les peuples à des degrés divers. C'est
pourquoi nous avons cru intéressant et même indispensable
de fouiller dans le passé disparu. « L'étude de la législation
comparée, dit M. Troplong, est la meilleure manière d'approfondir les grandes questions que présente la science du
droit » ; elle nous apprendra que les différentes périodes de
l'histoire de ce crime ont été, dans chaque pays, marquées

par les mêmes phases et que, successivement, l'esprit religieux, l'utilité sociale, l'instinct naturel, le sentiment de
l'honneur ont été les moteurs des transformations, quelque
peu décevantes pour la raison humaine, par lesquelles il a
passé tour à tour.

Nous verrons ensuite les variations de notre législation
française depuis la Révolution : le caractère humain du Code
de 1791, la sévérité excessive de celui de 1810 avec les modifications qui y furent faites par les lois de 1824 et de 1832,
l'indulgence de la loi du 21 novembre 1901 qui nous régit
actuellement.

L'étude de cette dernière législation nous permettra de
passer en revue les nombreuses et importantes questions qui
se rattachent à la notion légale de l'infanticide.

Enfin, après avoir consacré un chapitre à l'examen des
législations étrangères, nous aurons à nous demander, dans
notre conclusion, si l'œuvre du législateur de 1901 n'est pas,
malgré ses bienfaits, susceptible de perfectionnements et si,
d'autre part, il est raisonnable de demander à la loi répres-
sive de conjurer à elle seule un fléau dont les préjugés sociaux,
l'insuffisance des mesures administratives et les lacunes de la
loi civile sont en grande partie responsables.

PREMIÈRE PARTIE

CHAPITRE PREMIER

ÉTUDE HISTORIQUE DE L'INFANTICIDE DANS L'ANTIQUITÉ. —
LES LÉGISLATIONS DE L'ORIENT. — LES LOIS GRECQUES.
— LE DROIT ROMAIN.

Aux origines, les peuplades barbares ne châtiaient pas
l'infanticide. Le droit reposait sur la force, qui, seule, était
en honneur ; l'enfant était faible, aussi sa faiblesse le faisait-
il sacrifier. « Aux âges barbares, la faiblesse, au lieu du
respect, inspire le mépris. On relègue au dernier rang les
êtres incapables de se protéger eux-mêmes : femmes et
enfants. On les dédaigne, on les compte presque pour rien.
Ordinairement, la femme sort la première de cet abandon,
car elle a en elle une puissance faite de sentiment et de dou-
ceur. Par les sens, elle dompte le barbare le plus inculte ;
si elle n'obtient pas de marcher son égale, au moins elle ne
tarde pas à se faire agréer comme sa compagne et sa compagne respectée. Mais l'enfant ! Il n'a pas en lui le charme
pénétrant de l'épouse, il est incapable de comprendre et de
se faire comprendre, il n'a qu'un souffle de vie, il réclame
d'extrêmes précautions et ne donne rien en échange des
soins qu'il nécessite. Comment pourrait-il obtenir quelque

respect? Les hommes primitifs et barbares ne virent évidemment en lui qu'une charge et rien de plus ». (Bouton, *L'infanticide*. Etude morale et juridique. Paris, 1897, p. 9).

Telles sont les raisons qui nous expliquent, sans d'ailleurs les justifier, les cruautés dont furent souvent victimes, chez les peuples primitifs, les nouveau-nés. Pour les âmes rudes et farouches de ces barbares, l'enfant ne constituait qu'une charge très lourde, une entrave gênante qui empêchait les parents de se livrer à la chasse, aux combats guerriers ou de réaliser rapidement les migrations que leur imposait souvent leur vie nomade. L'enfant était alors impitoyablement mis à mort : c'était le triomphe de la force et de l'égoïsme dans ce qu'ils ont de plus brutal.

Ce n'est que bien plus tard, lorsque les anciennes peuplades sauvages se furent organisées en nations, que l'on voit apparaître les premières lois protectrices de l'enfance, les premières législations interdisant aux parents le meurtre de leurs nouveau-nés. Mais, ce n'est pas dans l'intérêt même de la victime innocente, que l'infanticide est prohibé et réprimé : c'est dans un but d'utilité sociale. Les peuples, perpétuellement en guerre les uns avec les autres, se trouvent soumis à l'impérieux besoin de recruter, par tous les moyens possibles, le plus grand nombre de guerriers, afin de se défendre contre les agressions de leurs voisins et, s'ils se sentent suffisamment forts, pour prendre eux-mêmes l'offensive et s'emparer de leurs terres. L'accroissement des naissances apparaissant comme le mode le plus naturel d'augmentation des effectifs militaires, les premiers Etats, appelés à protéger les enfants contre l'égoïsme des parents, ordonnèrent aux citoyens d'élever avec soin leur descendance et réprimèrent l'homicide des nouveau-nés. Cependant, seuls les enfants robustes et bien conformés étaient l'objet de la sollicitude de ces premières lois; eux seuls, en effet, pouvaient contribuer à former une race solide et forte de guerriers redoutables. Quant aux enfants faibles, débiles ou infirmes, ils étaient abandonnés à l'arbitraire, à la cruauté de leurs parents; leur mise à mort était même parfois ordonnée par les gouvernants eux-mêmes. Dans certaines cités fondées sur un territoire pauvre et d'une faible étendue, chez certains peuples établis dans les îles ou les archipels, l'Etat, redoutant un accroissement de population supérieur à celui des denrées et richesses du territoire, par une conception anticipée des lois de Malthus, limitait le nombre des naissances à un certain chiffre et ordonnait la destruction de tous les enfants, sans distinction, nés au delà de la limite prescrite (¹).

Ailleurs, c'était dans un but de sélection, afin de constituer une race belle, forte et bien conformée, composée d'individus choisis destinés à perpétuer le type primitif dans toute sa pureté, que les lois prescrivaient aux parents de ne conserver, à leur naissance, que les nouveau-nés bien constitués et de faire périr ceux de chétive apparence (²).

Ce fut seulement plus tard que, appréciant à leur juste valeur les qualités intellectuelles, les lois étendirent leur protection à l'enfant quel qu'il fût, au faible comme au fort, car le faible peut avoir des ressources intellectuelles de premier ordre; rien ne prouve que, plus tard, il ne deviendra pas un homme d'Etat remarquable, un politique habile, un fin diplomate, un grand artiste, un philosophe profond, un légistateur émérite (³).

(¹) Voir dans le journal *Le Droit*, nᵒˢ des 5, 6, 7 et 8 décembre 1896 : « L'infanticide dans les législations anciennes et modernes ». Discours prononcé le 16 octobre 1896 par M. l'avocat général Bourdou.
(²) Bouton, *op. cit.*, p. 11.
(³) Bouton, *op. cit.*, p. 12.

Il faut étudier des civilisations plus avancées pour voir se modifier ce point de vue exclusivement utilitaire et d'utilité nationale. C'est sous l'influence du christianisme que l'on voit les législations changer de physionomie et se décider à protéger l'enfance pour elle-même. L'infanticide constitue alors un crime réprimé dans tous les cas et quels qu'en soient les auteurs, sous la sanction de peines sévères.

Quelque justes que soient ces peines, il convient au législateur de ne pas en exagérer la rigueur; en le faisant, il dépasserait le but qu'il se propose et l'impunité ne tarderait pas à naître de la dureté même du châtiment. « Qu'on examine, dit Montesquieu, la cause de tous les relâchements, on verra qu'elle vient de l'impunité des crimes et non pas de la modération des peines » (¹).

Sous le bénéfice de ces considérations générales, nous allons passer rapidement en revue les principales législations de l'antiquité qui se sont préoccupées de réprimer le crime d'infanticide.

LES LÉGISLATIONS D'ORIENT. — C'est dans les vieilles civilisations de l'Orient qu'il faut aller chercher les premières dispositions légales édictées en vue de prévenir le meurtre des nouveau-nés.

Inde. — Dans l'Inde, que l'on a souvent appelée le berceau des civilisations, les lois de Manou réprimaient le crime d'infanticide et en punissaient les auteurs de la mort simple, réservant la peine de la mort exaspérée, c'est-à-dire accompagnée de supplices d'une cruauté raffinée, pour les crimes plus graves. Telle était la sanction de l'infanticide chez les sectateurs de Brahma, suivant le code des lois de Manou (²).

(¹) Montesquieu, *Esprit des lois*, liv. VI.

(²) Thouisseu, *Études sur l'histoire du droit criminel des peuples anciens.* Inde Brahmanique, Egypte, Judée.

Egypte. — De même que les lois des Brahmanes, les lois égyptiennes condamnaient l'infanticide. Un passage de Diodore de Sicile nous apprend combien les Egyptiens s'attachaient à l'augmentation de la population qu'ils regardaient comme un facteur de la prospérité de l'Etat (Diodore de Sicile, liv. I, chap. LXXX). Le même auteur nous décrit encore le supplice imaginé par les lois de Thoth pour punir les parents coupables. Ce n'était pas la peine de mort qu'ils subissaient, car, nous dit Diodore de Sicile, ceux qui avaient donné la vie à leurs enfants avaient, en quelque sorte, le droit de la leur reprendre. La peine infligée avait une portée morale des plus grandes : elle consistait pour eux à tenir embrassé durant trois jours et trois nuits le cadavre de leur enfant, sans pouvoir s'arracher à cet effrayant contact ([1]). Et M. Bourdon (*loc. cit.*) de dire : « Saurait-on imaginer un châtiment à la fois plus atroce et plus exemplaire? Liés aux cadavres de leurs victimes, exposés aux imprécations vengeresses d'une foule justement indignée, ces parents dénaturés, non seulement étaient irrémédiablement flétris, mais encore, supplice plus cruel, sous le ciel brûlant de l'Egypte, ils voyaient rapidement s'accomplir entre leurs bras, sur le corps de leurs fils assassinés, les effroyables et hideux ravages d'une mort dont ils avaient été les odieux ministres ».

Perse. — La législation persane de Zoroastre est certainement beaucoup moins équitable que les lois égyptiennes, et bien plus rigoureuse que le code des lois indiennes de Manou. Comme dans la législation Brahmane, c'est la peine de mort qui est réservée à la fille séduite, qui, pour cacher sa honte, a mis à mort son enfant nouveau-né; ce n'est pas seulement une torture morale et infamante, comme dans les lois de

([1]) V. *Histoire de la législation,* par M. le comte de Pastoret, II, p. 583.

Thoth. C'est aussi, non pas la mort simple, mais la mort aggravée : le Bodoveresté, supplice qui consistait à couper par morceaux tous les membres du criminel.

Ce châtiment était doublement inique. C'était d'abord un supplice d'une cruauté révoltante, disproportionnée avec la gravité du crime d'infanticide ; si odieux qu'il soit, ce dernier ne s'accompagne pas de tortures barbares de la part des parents qui, en proie à la crainte affolante du déshonneur ou de la misère, veulent seulement à tout prix détruire leur enfant. Ensuite, par une bizarre inconséquence, la loi de Zoroastre condamnait elle-même à mort l'enfant illégitime, issu de la débauche. Pourquoi dès lors sévir aussi rigoureusement contre les filles-mères, pour un moment d'égarement rendu excusable dans une certaine mesure par la peur de la honte, pour un acte criminel qui n'était après tout que l'exécution même de la loi (¹) ?

Les Hébreux. — Les Hébreux, à l'origine, ne connurent point l'infanticide. Ce crime n'est pas pratiqué primitivement chez eux, et la loi Mosaïque, si remarquable sous tant de rapports, garde un silence complet sur le meurtre ou l'exposition des nouveau-nés. Plus tard seulement, lorsque l'infanticide eut fait son apparition dans le peuple d'Israël, les jurisconsultes et les tribunaux, chargés d'interpréter les lois de Moïse et la Genèse, l'assimilèrent au meurtre ordinaire et le punirent de la décapitation par le glaive (²).

Les législations grecques. — Nous en arrivons maintenant aux législations de la Grèce. Signalons en premier lieu les lois spartiates : Tout le monde connaît les lois de Lycurgue, qui confiaient à l'État l'éducation des enfants. Ceux-ci appartenant donc, non à leurs parents, mais à l'État, le nouveau-né

(¹) Bourdon, *Le Droit, loc. cit.*
(²) *Le Droit, loc. cit.*

était présenté aux anciens et aux magistrats de la cité qui l'inspectaient, et s'il était jugé difforme ou contrefait, on le précipitait dans un gouffre voisin, le Barathre (¹).

A Athènes, les lois de Solon, à la différence de celles de Lycurgue, laissaient l'enfant à ses parents sans briser, comme à Sparte, les liens de famille. Les lois athéniennes protégeaient l'enfance et Plutarque nous enseigne même que, lorsqu'une femme était condamnée à mort, si elle était reconnue enceinte, on devait surseoir à l'exécution jusqu'à l'époque de sa délivrance (²). Mais, tout en proscrivant en principe le meurtre et l'exposition d'enfants, la plupart des lois des cités grecques ne laissaient pas de se préoccuper de maintenir un équilibre aussi satisfaisant que possible entre le chiffre de la population et les produits du sol destinés à la consommation. De là les mesures rigoureuses qui, dans certaines villes comme Sparte par exemple, tendaient à sacrifier les enfants débiles ou infirmes. C'est dans cet esprit que Platon, dans sa République, puis plus tard Aristote conseillent au législateur de limiter le nombre des naissances, soit en défendant aux parents de prendre soin des enfants nés difformes ou mal constitués, soit en ordonnant la pratique de l'avortement pour tous les mariages devenus féconds au delà des bornes formellement imposées à la population (³).

Le Droit romain. — Aux origines du droit romain, la législation de l'infanticide se caractérise par des règles analogues aux prescriptions formulées par les lois des cités helléniques. Mais il faut avant tout tenir compte de la puissante organisation de la famille patriarcale à Rome.

La *Familia* romaine, comme la famille moderne, repose

(¹) Plutarque, *Vie de Lycurgue*, XV.
(²) Plutarque, *Des délais de la justice divine*. VII.
(³) Aristote, *La Morale et la Politique*, VII, 14, 10.

sur le mariage. Mais le mariage, à Rome, comme chez les Grecs et tous les peuples de la race Aryenne, a essentiellement pour but la procréation des enfants et la continuation du culte des ancêtres (¹). « La famille, nous dit M. Cuq, présente dans son organisation les trois caractéristiques du régime patriarcal ; elle est gouvernée par un chef, le père ou l'ascendant paternel mâle le plus âgé. Ce chef est investi d'un pouvoir absolu : il est roi dans sa famille ; il a sur tous les siens le pouvoir de vie et de mort » (²).

La *patria potestas* est fortement constituée. Le père de famille, du moins pendant toute la période du vieux droit romain depuis la fondation de Rome et la Royauté jusqu'à la chute de la République, a un pouvoir de maîtrise absolu sur les personnes placées sous sa puissance, sur ses enfants et sur sa femme mariée *cum manu*. Bien que membres de sa famille, ces personnes ne sont pour lui que des instruments de travail ou d'acquisition qu'il assimile volontiers aux animaux de labour et aux choses les plus précieuses, aux *res mancipi*. Les enfants, à leur naissance, n'entraient pas de plein droit dans la famille. Tout dépendait de la volonté prépondérante du *paterfamilias*. Le chef de famille, qui remplissait les fonctions d'un véritable magistrat domestique, était maître absolu de leur destinée. S'il acceptait l'enfant, celui-ci tombait du même coup sous sa puissance ; si, au contraire, il le répudiait, soit parce qu'il était contrefait, soit parce que c'était un monstre, soit encore parce que, magistrat souverain chargé de veiller à la pureté de la race, il estimait qu'il était le fruit de l'adultère, l'enfant était chassé du sein de la famille : suivant les cas, il était alors mis à mort ou exposé ou bien recueilli par les parents de la mère.

(¹) *Loc. cit.*, p. 63.
(²) Cuq, *Institutions juridiques des Romains*, I, p. 64.

Quant aux enfants admis dans la famille, le *paterfamilias*, à la fois magistrat domestique et pontife souverain du culte familial, a sur eux le pouvoir absolu de vie et de mort, la *potestas vitæ necisque* ([1]). Ce fut seulement un peu plus tard que l'organisation du tribunal domestique, composé des plus proches parents, le *concilium propinquorum*, vint tempérer le pouvoir despotique du père. D'assez bonne heure d'ailleurs, les lois se préoccupèrent du sort des nouveau-nés et s'efforcèrent de mettre un frein à l'absolutisme redoutable du chef de famille : il fallait les soustraire à sa tyrannie parfois exorbitante, à ses soupçons jaloux. Après la naissance, la protection de la loi, tout en demeurant encore efficace, n'est plus aussi indispensable car les liens naturels d'affection qui s'établissent entre le père et ses enfants constituent la sauvegarde la meilleure pour ces derniers. C'est ce que comprirent tout de suite les premiers gouvernants de Rome.

Une loi royale, que nous rapporte Denys d'Halicarnasse dans ses *Antiquités Romaines* ([1]) et que la tradition attribue à Romulus, prévoit et réprime l'infanticide. Elle obligea le père de famille, nous dit l'historien, à élever tous ses enfants mâles et l'aînée de ses filles et lui défendit de tuer aucun enfant au-dessous de l'âge de trois ans, à l'exception des monstres et des nouveau-nés contrefaits. Le chef de famille pouvait ainsi impunément se débarrasser des monstres, soit en les tuant, soit en les exposant, pourvu qu'il les eût préalablement soumis à l'examen des cinq plus proches voisins et que ceux-ci les eussent reconnus être tels. Quant à la sanction établie contre ceux qui violaient la loi de Romulus, elle consistait dans la confiscation de la moitié des biens du coupable, au profit de l'Ærarium, et dans des châtiments d'une

([1]) Cuq, *loc. cit.*, p. 155.
([2]) Denys d'Halicarnasse, *Antiquités Romaines*, 1. 2. 15.

nature religieuse. Cette loi est le reflet le plus fidèle de l'état
social des Romains aux temps de la Royauté.

En lutte perpétuelle avec les peuples voisins, les premiers
habitants de Rome devaient mettre tout en œuvre pour s'assurer une armée redoutable. Leur chef Romulus, qui, en vue
de recruter tout un peuple de soldats, avait fait appel au
rebut de la population du Latium, à tout ce que les campagnes voisines comptaient de plus vil, aux esclaves, aux débi-
teurs, aux voleurs de grands chemins et aux meurtriers;
Romulus, qui n'avait pas hésité, dit la légende, à enlever de
vive force les jeunes filles sabines à leurs parents et à leur
patrie pour en faire les épouses de ses compagnons d'armes,
s'était bien vite soucié d'assurer la prospérité de la cité qu'il
venait de fonder en veillant soigneusement aux naissances et
en protégeant les enfants, ses futurs guerriers. C'est ce qui
nous explique la différence de traitement que la loi établit
entre les enfants mâles et les filles; seule l'aînée doit être con-
servée pour les besoins de la perpétuité de la race. Quant à
la prescription qui autorisait la mise à mort des monstres,
après examen préalable des voisins, elle était conforme aux
sentiments religieux des Romains, qui, au lieu de prendre en
pitié la faiblesse et la difformité de ces malheureux, les con-
sidéraient comme des présages de mauvais augure, comme
des êtres dont la seule présence aurait souillé le foyer familial.

Le premier monument législatif sur l'infanticide que l'on
rencontre à Rome après la loi de Romulus est la loi des
XII Tables. Cette loi se ressent de l'influence des législations
grecques auxquelles elle fit de larges emprunts.

Un passage de Tertullien au chapitre XV du livre I du
Traité *ad nationes* fait allusion, sous le nom de leges, aux lois
qui prohibaient l'infanticide et cet écrit, de l'avis des auteurs,

ne peut se rapporter qu'à la loi des XII Tables (¹). Il s'y élève avec véhémence contre la prodigieuse multiplicité des infanticides et se plaint de ce que les lois contre ce crime soient violées impunément ou éludées avec sûreté : *Vos quoque infanticidæ qui infantes editos necantes legibus quidem prohibemini, sed nullæ magis leges tam impune, tam secure eluduntur.*

Quant aux enfants monstrueux, la Table IV autorise les parents à les tuer. Cicéron nous dit dans un passage : *Cito necatus tam quam ex XII Tabulis insignis ad deformitatem puer* (²). « On ignore, nous dit M. Cuq, la peine édictée par les décemvirs, lorsque l'infanticide a pour auteur le père de famille. Commis par un étranger, il devait être traité comme un meurtre » (³). Mais, remarquons-le bien, à la différence de la loi royale de Romulus, si l'infanticide était réprimé, l'exposition des nouveau-nés n'était pas défendue aux parents. Cette exposition fut fréquente sous la République : c'était là le sort réservé aux enfants illégitimes que le père ne voulait pas élever et aux enfants difformes au meurtre desquels pouvaient répugner les parents.

La prohibition de l'infanticide établie par la loi des XII Tables fut fidèlement observée tant que les mœurs des citoyens de la vieille Rome furent pures et austères. Mais après les conquêtes, lorsque les Romains, par le développement du commerce et les progrès de la civilisation, eurent été mis en contact avec les peuples vaincus et les nations voisines, ils prirent goût pour le luxe; bientôt ils s'adonnèrent aux plaisirs, à la mollesse et la corruption envahit profondément les mœurs à la fin de la République.

(¹) Cuq, *loc. cit.*, p. 158, note 4.
(²) Cicéron, *De legibus*, liv. III, ch. VIII, § 19, p. 416 et 417.
(³) Cuq, *loc. cit.*, p. 158.

C'est alors que l'infanticide se développe. L'exposition des nouveau-nés, déjà fréquente, alla en se multipliant et, nulle loi ne l'interdisant, elle ne tarda pas à devenir une des plaies de l'époque. Cette exposition des enfants, l'infanticide par omission comme on l'appelle souvent, paraît au premier abord un acte lâche mais moins cruel que le meurtre des nouveau-nés qui constitue l'homicide par commission ; l'enfant abandonné a, semble-t-il, des chances d'être recueilli. Mais à Rome, ces chances étaient faibles et l'enfant exposé étant rarement recueilli, périssait le plus souvent victime des intempéries, parfois sous la dent des bêtes féroces. Ce crime était le résultat de la misère profonde où se trouvait déjà plongée dans les derniers temps de la République, la multitude des plébeiens, misère qui devait croître d'une façon terrible sous l'Empire : la concentration des richesses entre les mains d'un petit nombre de grands personnages, l'afflux de la population des campagnes dans la ville qui regorgeait d'habitants originaires de tous les pays du monde, la lourdeur des impôts qui ruinaient le contribuable, rendirent bientôt la misère si effroyable que les parents, dans l'impossibilité de supporter des charges nouvelles, se débarrassèrent plus que jamais de leurs nouveau-nés par le meurtre et l'exposition (¹).

A côté de la misère, la débauche devint, à partir de la fin de la République et sous tout l'Empire, une source inépuisable d'infanticides. Patriciennes et plébéiennes, à l'instar des courtisanes uniquement vouées à la volupté, recouraient à l'infanticide pour faire disparaître les preuves de leurs fautes et pratiquaient plus encore l'avortement pour ménager l'élégance de leurs formes et la beauté de leur corps. Aucune dis-

(¹) Bouton, thèse, p. 29.

position législative ne punissait l'avortement et la loi des XII Tables étant chaque jour impunément violée, son texte sur l'infanticide devint lettre morte : le crime ne fut plus réprimé (¹).

Sous l'empire de ces deux facteurs, la misère et la débauche, les infanticides se multipliant, la dépopulation fit des progrès effrayants. Auguste, inquiet, essaya d'enrayer ce mouvement par les lois caducaires. Mais les loi Julia et Papia Poppœa furent naturellement impuissantes : c'étaient les mœurs romaines, la société romaine tout entière qu'il eût fallu transformer ; une simple disposition législative ne pouvait avoir certainement la prétention d'opérer une si grande métamorphose.

Effrayés par le nombre des expositions, les empereurs, dès la diarchie, s'efforcèrent d'atténuer et de tempérer le *jus exponendi*. Des rescrits d'Auguste et après lui, de Vespasien, de Titus et de Domitien, prescrivirent pour quelques provinces des mesures destinées à protéger les nouveau-nés et à assurer leur sort une fois exposés. Cependant ces rescrits, qui n'abolissaient d'ailleurs pas d'une façon formelle le *jus exponendi*, avaient le défaut de ne pas être applicables à tout l'empire. Trajan, à son tour, se préoccupa de la situation précaire des enfants exposés. Les nouveau-nés qui subissaient l'exposition étaient quelquefois recueillis et toujours dans un but intéressé ; malgré leur origine libre, ils étaient réduits en esclavage par ceux qui consentaient à les recevoir chez eux. Les monstres, également recueillis avec soin, étaient vendus comme bouffons pour servir de jouets aux grands personnages ou bien on exploitait leur difformité en les consacrant à la mendicité. Trajan décida, dans son res-

_____

(¹) Bouton, *loc. cit.*, p. 31 et 32.

crit, que l'enfant d'origine libre serait admis à revendiquer sa
liberté et que le maître ne pourrait pas le retenir en esclavage jusqu'à l'acquittement des aliments qu'il aurait consom-
més depuis sa naissance. Mais ce rescrit produisit un résultat
diamétralement opposé à celui qu'on en attendait : les
citoyens menacés désormais de se voir privés des services des
enfants dont ils auraient assumé la charge par l'éventualité
d'une revendication de la liberté, refusèrent de recueillir les
nouveau-nés abandonnés, et une foule de ces pauvres êtres
ne tardèrent pas à périr. Trajan intervint de nouveau : il
alloua des pensions alimentaires aux familles chargées d'enfants, sous forme de secours en argent et de distributions
de denrées. Ce sont là les fameuses fondations alimentaires
de Trajan dont la plus célèbre figure sur la Table de bronze
de Veleia (¹).

De son côté, Adrien restreignit considérablement le droit
de vie et de mort du père de famille sur la personne de ses
enfants. Marcien, au livre XIV des *Institutes* (²), nous
apprend que cet empereur punit de la déportation un père
qui, gravement offensé par son fils, l'avait mis à mort. Sous
cet empereur, la *potestas vitæ necisque* n'est plus qu'un privilège que le prince peut accorder ou refuser au *paterfamilias.*

Sous les Sévère, le père n'a plus que le droit d'infliger
lui-même les corrections légères; s'il veut user de peines
plus graves, il doit renvoyer son fils devant le magistrat qui
statue (³).

Dès le IIIᵉ siècle de l'ère chrétienne, la législation s'amé-
liore et un texte des *Sentences* de Paul assimile l'exposition

---

(¹) Girard, *Textes de droit romain*, p. 751.
(²) Loi 5 au Digeste, *De lege Pompeia de parricidii*, liv. XLVIII, titre IX.
(³) Girard, *Manuel de droit romain*, p. 134.

des nouveau-nés à l'infanticide : *Necare videtur non tantum is qui partum præfocat, sed et is qui abjicit et qui alimonia denegat et is qui publicis locis misericordiæ causa exponit, quam ipse non habet* (¹).

Sous la Monarchie du Bas-Empire, l'influence du christianisme s'affirme. La religion du Christ prêche aux hommes l'égalité et la fraternité, l'amour du prochain, le respect des faibles, spécialement des femmes et des enfants : tous les hommes ont une âme et le meurtre du nouveau-né est semblable à celui de l'homme adulte, peut-être même est-il plus criminel, car il prive l'enfant, dès sa naissance, de la grâce du baptême et des bienfaits de la vie éternelle.

Constantin, le premier empereur chrétien, combattit sévèrement l'infanticide en l'assimilant au parricide et en le punissant des peines terribles de la *Lex Pompeia de parricidiis*. La loi unique au Code Théodosien (liv. IX, tit. XV, *De parricidio*) s'exprime ainsi : *Si quis parentis aut filii, automnino adfectionis ejus, quæ nuncupatione paricidii continetur, fata properavit ; sive clam, sive palam id enisus fuerit, pœna paricidii puniatur : et neque gladio, neque ignibus, neque ulli alii solenni pœnæ subjugetur, sed insutus culeo cum cane, et gallo gallinaceo, et vipera, et simia, et inter eas ferales angustias comprehensus, serpentium contuberniis misceatur : et ut regionis qualitas tulerit, vel in vicinum mare, vel in amnem proficiatur, ut omni elementorum usu vivus carere incipiat, et ei cœlum superstiti, terra mortuo auferatur.*

Constantin abolit ensuite le rescrit de Trajan qui, en autorisant les enfants recueillis à revendiquer leur liberté contre leurs maîtres, détournait les citoyens de porter secours aux

---

(¹) Paul, *Sentences*, 2, 24, 10, p. 74.

nouveau-nés abandonnés. Désormais, les enfants exposés par leurs parents furent recueillis sans que leurs maîtres eussent à redouter la moindre réclamation de leur part (¹).

En outre, à cette époque, une pratique détestable qui avait pris naissance avec le développement de la décadence romaine, sévissait dans l'Empire : c'était le droit pour le père de vendre ses enfants en bas âge et qui avait remplacé le droit d'émancipation du paterfamilias sur ses enfants tombé en désuétude à l'époque classique. Constantin réglementa ces ventes en exigeant qu'elles eussent pour objet le nouveau-né, « *sanguinolentus* », et qu'elles fussent faites sous la condition de réméré, c'est-à-dire que l'enfant pût être racheté par la restitution du prix ou moyennant la prestation d'un esclave de valeur équivalente.

Malgré ces réformes, la misère et la corruption étaient trop grandes, la décadence s'accentuait et les mesures de Constantin n'arrêtèrent pas les progrès de l'infanticide. La peine effrayante des parricides était trop rigoureuse pour être appliquée. Il fallut de nouveau légiférer : les empereurs Valentinien, Gratien et Valens, par une constitution de l'an 374 de Rome, punirent l'infanticide de la peine capitale quel que fût le meurtrier de l'enfant, parent ou étranger (²).

De plus, l'exposition des enfants fut défendue et sanctionnée par une peine dont la nature nous est inconnue, mais qui était peut-être une amende (³).

L'Empereur d'Orient Marcien rétablit pour les infanticides la peine des parricides de la *lex Pompeia de parricidiis* et il l'appliqua à la mère et à l'aïeul, comme au père. Le nombre des expositions ne cessait de s'accroître. Les nouveau-

---

(¹) Loi 1, Code Théodosien, liv. V, tit. VII. *De expositis*.
(²) Loi 1, au code Théodosien, livre 9, tit. 14, *ad legem Corneliam de sicariis*.
(³) Bouton, *loc. cit.*, p. 52.

nés étaient abandonnés sur le seuil des églises où les personnes charitables allaient parfois les recueillir. Plus tard, des maisons d'enfants trouvés, connues sous le nom de *Brephotrophia,* placées sous la surveillance de l'évêque, furent instituées pour recevoir et élever les enfants abandonnés (¹).

Mais l'infanticide sévissait toujours : les lois de Constantin tombaient en désuétude, les lois de ses successeurs n'étaient pas davantage appliquées.

Justinien reprit les lois de Constantin dont il ordonna l'application, mais en décidant que les enfants abandonnés seraient considérés comme libres, qu'ils ne pourraient être réduits en esclavage ni par les maîtres qui les auraient recueillis, ni par les parents qui les auraient abandonnés. Enfin, une disposition barbare de la Novelle 89, de Justinien (*De naturalibus liberis,* chap. 15), interdit d'élever les enfants issus d'unions prohibées, c'est-à-dire les enfants adultérins ou incestueux.

(¹) Boulon, *loc. cit.,* p. 54.

CHAPITRE II

Après la chute de Rome, en 476 après Jésus-Christ, l'Eglise chrétienne, seule puissance qui survit aux invasions, forme la transition naturelle entre la civilisation romaine, dont elle est l'ultime dépositaire, et le monde barbare qu'elle va dès lors assouplir à ses lois et dominer.

Les Germains, qui venaient d'envahir l'Empire d'Occident, présentaient, quant à leurs coutumes concernant l'infanticide, de profondes analogies avec les Romains de la Royauté et de la République. Leurs mœurs étaient pures, ils aimaient profondément la famille et respectaient l'enfant. A la *patria potestas* puissamment organisée du Droit romain correspondait chez les Germains le pouvoir redoutable du chef de famille, connu sous le nom de *Mundium :* le *Mundium* paternel et le *Mundium* marital. Armé de ce pouvoir, le père eut seul, pendant longtemps, le droit de mettre à mort son enfant nouveau-né ; il n'en usait d'ailleurs que dans des occasions peu fréquentes et pour des causes légitimes. L'infanticide commis par la mère était rare ; ce crime suppose, en effet, un degré de débauche et de corruption que méconnaissaient les mœurs sévères des Germains.

Cependant certaines lois barbares, telles que la loi des

Wisigoths, punissaient l'infanticide de mort dans le cas où il avait été commis par la mère ([1]).

La loi salique ne prévoyait que l'infanticide commis par un étranger : le meurtrier payait, à titre de réparation, aux parents auxquels il était censé avoir porté préjudice, un Wehrgeld, c'est-à-dire une composition qui variait suivant les cas. Si le meurtre portait sur un enfant au-dessous de douze ans, le wehrgeld était de six cents solidi ; s'il s'agissait, à proprement parler, d'un infanticide, et la loi Salique entendait par là le meurtre d'un enfant qui n'était pas encore né ou du nouveau-né qui n'avait pas vécu huit nuits et auquel aucun soin n'avait encore pu être donné, le meurtrier était condamné à payer aux parents seulement cent solidi. Cette loi punissait encore d'une amende de deux cents solidi le meurtre de la fille libre encore impubère ou de la femme arrivée à l'âge où elle ne peut plus être mère ; au contraire, le meurtre de la femme libre pubère et celui de la femme enceinte étaient punis par elle, l'un d'une composition de six cents solidi, l'autre d'une amende de sept cents solidi. On voit que cette dernière amende (sept cents solides), due par le meurtrier, était la somme des compositions particulières auxquelles il était astreint en tant que doublement meurtrier et d'une femme pubère (600 solidi) et d'un enfant conçu (100 solidi). Telles sont les peines établies par la *lex Salica emendata* contre l'infanticide ([2]).

L'Eglise se préoccupa bientôt du sort des enfants abandonnés et réussit à faire adopter par les princes carlovingiens les dispositions prises par elle en leur faveur. C'est

---

([1]) Voir Canciani, *Barbarorum leges antiquæ*, IV, p. 134, liv. 6 de la loi des Wisigoths, titre 3, p. 7.

([2]) Voir Pardessus, *Loi salique*, 5e texte, liv. XXVI. *De his quipueros vel mulieres occiderint*.

ainsi que nous voyons un capitulaire de Carloman de 744
consacrer une règle émise dans les conciles ecclésiastiques,
lesquels avaient remis en vigueur, après l'avoir complétée,
une disposition des empereurs Honorius et Théodose concernant les enfants abandonnés. Aux termes de ce capitulaire,
celui qui avait recueilli un enfant exposé devant la porte
d'une Eglise était tenu de faire constater le fait par le
prêtre qui, le dimanche suivant, devait l'annoncer au prône,
à ses paroissiens ; après quoi, les parents avaient dix jours
pour reconnaître l'enfant, et, ce délai, expiré quiconque
oserait redemander l'enfant ou calomnier celui qui l'avait
recueilli serait considéré comme coupable d'homicide (¹).

Sous l'influence grandissante de l'Eglise, qui punissait la
mère coupable d'avortement ou d'infanticide de pénitences
spirituelles telles que la défense d'entrer dans les temples
religieux, soit à perpétuité, soit pendant un nombre d'années
variable suivant les cas, ou l'obligation de passer le reste de
sa vie dans les larmes et l'humilité, Charlemagne, dans un
capitulaire resté célèbre, appliqua les peines de l'homicide à l'infanticide, quel qu'en fût l'auteur : *Si quis infantem
necaverit, ut homicida teneatur* (²). Ce crime se trouve
encore une fois assimilé au meurtre d'une personne adulte.

Les canons des conciles ecclésiastiques et les décrétales
des papes, pendant tout le moyen âge, ne cessent de combattre le crime odieux d'infanticide qu'ils assimilent souvent au
parricide ; ils s'efforcent aussi de réprimer sévèrement l'avortement qu'ils punissent des mêmes peines que l'infanticide
lorsqu'il a été pratiqué par la femme à une époque où le part
était déjà animé. Enfin, à côté de l'infanticide volontaire,

(¹) V. Baluze, *Capitularia regum Francorum,* I, liv. VI, Capitulaire 144 : « *De expositis infantibus ac collectione eorum* ».
(²) V. Baluze, *loc. cit ,* liv. VII, capitulaire 168, *De homicidis infantum.*

l'Eglise prévoit et punit, mais plus légèrement cela va sans dire, l'infanticide involontaire commis par imprudence, c'est pourquoi il était interdit, par les canons de l'Eglise et sous des peines diverses, aux mères et aux parents de faire coucher avec eux les enfants nouveau-nés de crainte de les étouffer pendant le sommeil; c'est pourquoi encore les parents ne devaient pas laisser seuls chez eux et sans garde, durant leur absence, leurs enfants exposés au feu ou à l'eau.

Le crime d'infanticide faisait horreur aux chrétiens et, sous l'influence de l'Eglise, des peines atroces furent instituées, dans les Coutumes et dans les Ordonnances royales, pour le réprimer d'une façon spéciale en tant que crime *sui generis* et quant il était commis par la mère ([1]).

Jousse nous dit : « La coutume du Lodunois, chap. XXXIX, art. 2, porte que la femme qui tue son enfant, doit être condamnée à être brûlée; et il paraît que ce genre de supplice était autrefois en usage pour ce crime, suivant un ancien arrêt du **22** décembre 1480, par lequel une femme fut condamnée à être brûlée vive pour avoir étouffé son enfant » ([2]). Cette rigueur s'expliquait alors par ceci qu'ayant tué son enfant avant qu'il eût reçu l'eau sainte du baptême, la mère l'avait privé pour toujours des félicités du paradis.

Le coutumier du XIIIᵉ siècle, connu sous le nom de livre de Jostice et de Plet, nous apprend que le moyen âge avait trouvé bon de mettre en vigueur les châtiments épouvantables de la *lex Pompeia de parricidiis.* Cette loi, que Constantin avait appliquée aux parents coupables d'infanticide et dont nous avons cité plus haut le texte latin, condamnait à la peine des parricides ceux qui s'étaient rendus coupables du meur-

---

([1]) V. Garraud, IV, p. 550.

([2]) V. Jousse, IV, p. 15, cité par Garraud, *loc. cit.,* p. 550 note 12; V. aussi *Coutume de Touraine et du Lodunois,* par Cottereau, I, p. 218, art. 2567.

tre des nouveau-nés : « Le coupable, disait-elle, ne subira ni la peine du glaive, ni celle du fer, ni aucune autre peine solennelle ; il sera cousu et enfermé dans un sac avec un chien, un coq, une vipère et un singe et, en compagnie de ces bêtes et de ces serpents, il devra être jeté, suivant la nature de la région, soit dans la mer voisine, soit dans les eaux d'un fleuve, pour être privé vivant de l'usage des éléments et se voir dépouiller de la vue du ciel à son agonie et de la terre, une fois mort » (¹). Cette pénalité barbare, empruntée aux Romains, fut remplacée ensuite par une peine moins rigoureuse, signalée dans le second coutumier que l'on appelle les Etablissements de saint Louis : la femme coupable d'un premier infanticide n'était pas mise à mort, elle était remise à l'Eglise qui la frappait de réclusion temporaire ou d'une peine plus légère, mais ne prononçait jamais de peine corporelle ; c'était seulement en cas de récidive que la répression laïque intervenait et que, convaincue d' « acoustumance », nous dit le coutumier, elle était alors condamnée à la peine du feu. (²).

Cependant, l'Eglise et les coutumes ne tardèrent pas à assimiler l'infanticide au parricide.

C'est à cette époque du moyen âge que reparaît l'infanticide dit *honoris causâ :* l'enfant né de l'adultère ou simplement né en dehors des liens du mariage est une source de honte pour sa mère, qui redoute le déshonneur, le mépris de ses parents et de ses amis, et qui, pour s'y soustraire, met à mort son nouveau-né. Cette nouvelle cause, la crainte du déshonneur, devait malheureusement se perpétuer jusqu'à

(¹) V. Livre de Joslice et de Plet, XXV, *Des communs jugements,* p. 283, publié par Rapetti en 1850.

(²) *Etablissements de saint Louis,* par M. l'abbé Saint-Martin, liv. I, ch. **XXXV.**

nos jours. Avec la Renaissance, la corruption et la débauche reparurent dans la haute société et l'infanticide trouva dans le vice sa principale origine.

Pour en finir avec l'ancien droit, il nous reste à citer deux monuments célèbres : la Caroline et l'Edit d'Henri II.

La Caroline, rédigée sous la direction de Charles-Quint, contenait sur l'infanticide des dispositions des plus rigoureuses. « La femme, dit-elle dans son art. 131, qui, secrètement, par mauvaise volonté et de propos délibéré, tuera son enfant après qu'il aura reçu la vie et sa formation naturelle, sera condamnée, suivant l'usage, à être enterrée vive et à périr à coups de pieux... » (¹). Cette peine horrible n'était pas appliquée dans tous les cas, le texte permettant, par faveur, qu'on se borne à noyer la mère « dans les lieux où l'on sera à portée de l'eau ». Mais, si l'accusée était convaincue d'avoir commis plusieurs infanticides, elle devait subir des tortures terribles : « Pour inspirer plus d'horreur contre la cruauté de pareilles femmes, dit le texte de l'art. 131, nous voulons que le premier supplice soit employé, ou bien que la personne criminelle soit tenaillée avec des fers ardents avant que d'être précipitée dans l'eau, le tout sur l'avis qu'on demandera aux gens de lois ». Plus loin, prévoyant la clandestinité de la grossesse, l'accouchement en secret et la découverte postérieure du cadavre de l'enfant, le texte déclarait que, si la femme cherchait à prétendre que l'enfant était mort-né ou avait péri sans sa faute, elle devrait apporter des témoignages satisfaisants et des preuves suffisantes de son innocence. Il ajoutait que l'on se montrerait très difficile sur cette justification et qu'à défaut de preuves convaincantes, sur les seuls indices de la clandestinité de l'accouchement, la femme serait

(¹) V. pour ce passage, Caroline, art. cit., p. 198. De la punition des filles et femmes qui font périr leurs enfants.

présumée coupable et soumise à la question pour confesser son crime, après quoi elle subirait le dernier supplice ([1]). Telle était la législation de l'empire d'Allemagne sur l'infanticide; les peines étaient très cruelles, la clandestinité de l'accouchement constituait, au cas de mort de l'enfant, une présomption légale qui ne pouvait être détruite que par des preuves presque impossibles à produire.

L'Edit d'Henri II, de 1556 ([2]), qui fut en vigueur jusqu'à la Révolution, établissait aussi un régime de présomptions légales d'infanticide. Il fondait sa répression sur des motifs religieux, sur le crime sans nom que commet la mère en tuant un nouveau-né et en le privant, par ce fait, du sacrement de baptême et de la sépulture chrétienne. Il visait surtout, d'ailleurs, l'infanticide, résultat de la corruption, des unions illicites.

Il décidait que toute femme convaincue d'avoir dissimulé sa grossesse et caché son accouchement, sans les avoir déclarés ou avoir pris de l'un ou de l'autre témoignage suffisant, et qui a ainsi privé son enfant du sacrement du baptême et de la sépulture chrétienne, serait convaincue d'homicide et « punie de mort, et, dernier supplice, de telle rigueur que la gravité particulière du cas le méritera...»

L'Edit d'Henri II n'assimilait donc plus comme auparavant le meurtre du nouveau-né au parricide : il en faisait seulement un homicide ordinaire. Mais en revanche, devant l'impossibilité pour le juge d'obtenir, en cas de recel de la grossesse, l'aveu de la mère, il établissait avec une rigueur exceptionnelle deux présomptions légales d'infanticide en cas d'accouchement occulte et de grossesse non déclarée.

([1]) Caroline, art. 131.
([2]) V. le texte de cet édit dans Fontanon, *Edicts et ordonnances des rois de France,* I, p. 471.

Remarquons cette obligation de déclaration de grossesse à laquelle l'Edit fait allusion sans la réglementer ; à Paris, ces déclarations se faisaient entre les mains des commissaires ; dans le reste du royaume, on les faisait au greffe ou par devant le juge (¹).

Henri III, en 1585, et Louis XIV, en 1708, confirmèrent l'Edit d'Henri II et en ordonnèrent la lecture au prône des messes paroissiales.

Si on examine dans son ensemble la législation de l'infanticide dans l'ancien droit, on peut la caractériser en disant que, d'une cruauté excessive hors de proportion avec la gravité du crime, son système pénal fut rendu encore plus rigoureux par l'introduction des présomptions légales iniques que l'Edit d'Henri II faisait peser sur des malheureuses à qui on ne donnait même pas les moyens de se disculper.

(¹) Merlin, *Rép.*, v° *Grossesse*, § 4.

CHAPITRE III

ÉVOLUTION DE LA LÉGISLATION FRANÇAISE SUR L'INFANTICIDE
LE CODE PÉNAL DE 1791

Telle était la législation encore en vigueur au moment de la Révolution.

Les philosophes du xviiie siècle avaient tous, d'un commun accord, flétri sa cruauté.

Quelques-uns, comme Voltaire, avaient attaqué avec ardeur les dispositions barbares qui établissaient des présomptions légales.

D'autres, avec Beccaria, avaient proposé des solutions exagérées : « L'infanticide, dit cet auteur, est encore le résultat presque inévitable de l'affreuse alternative où se trouve une infortunée, qui n'a cédé que par faiblesse, ou qui a succombé sous les efforts de la violence. D'un côté l'infamie, de l'autre la mort d'un être incapable de sentir la perte de la vie, comment ne préférerait-elle pas ce dernier parti, qui la dérobe à la honte, à la misère, elle et son malheureux enfant?.... Je ne prétends pas affaiblir la juste horreur que doit inspirer le crime dont nous venons de parler, j'ai voulu en indiquer les sources, et je pense qu'il me sera permis d'en tirer cette conséquence générale, qu'on ne peut appeler précisément juste ou nécessaire (ce qui est la même chose) la punition d'un délit que les lois n'ont pas cherché à prévenir, par les meilleurs moyens possibles et selon les circonstances où se trouve une nation » (¹).

(¹) Beccaria, *Des délits et des peines*, chap. XXXVI *in fine*, p. 186.

Les législateurs de l'Assemblée constituante surent se tenir à l'écart des exagérations du criminaliste milanais et n'édictèrent pas de dispositions spéciales quant à l'infanticide. Le Code pénal du 25 septembre 1791 soumit l'infanticide au droit commun, le punissant soit comme meurtre (¹), en l'absence de toute circonstance aggravante, soit comme assassinat (²), lorsqu'il était prémédité. C'était l'abrogation implicite, la ruine du système de l'édit de Henri II et l'abandon de la présomption d'homicide admise jusque-là ; les déclarations de grossesse n'étaient plus obligatoires sous peine de mort et on devait désormais faire la preuve de l'infanticide pour pouvoir le punir. Le Code de brumaire an IV contribua même pour une plus grosse part que celui de 1791, à la ruine de l'édit d'Henri II, en supprimant les preuves légales, c'est-à-dire les dispositions des lois anciennes qui faisaient dépendre la preuve du crime d'un concours de circonstances données, entraînant fatalement la conviction du tribunal et la condamnation de l'accusé, alors même que cette condamnation pouvait répugner à la conscience des juges (³).

Un progrès considérable était donc réalisé dans la voie de la justice et de l'humanité. La scission entre la loi religieuse et la loi civile était définitivement proclamée. Dès ce moment, l'infanticide ne fut plus un crime de lèse-majesté divine; on ne considéra plus la femme coupable comme une sacrilège, mais comme une meurtrière ordinaire ; la société civile prenait la succession de l'Eglise quant à la défense des nouveau-nés.

(¹) Art. 8 du titre II de la 2ᵉ partie : « L'homicide commis sans préméditation sera qualifié meurtre et puni de vingt années de fer ».

(²) L'assassinat était puni de mort.

(³) Achille Morin, *Répertoire de droit criminel.*

CHAPITRE IV

LE CODE PÉNAL DE 1810. — LOIS DU 25 JUIN 1824 ET DU 28 AVRIL 1832. — ÉVOLUTION DE L'INFANTICIDE JUSQU'EN 1900.

Ce régime dure vingt années pendant lesquelles les coupables d'infanticide furent frappés comme de simples meurtriers. Ce crime, à cette époque, dut cependant en arriver à une fréquence inquiétante, car les cours, dans plusieurs déclarations successives, demandèrent qu'il fût puni de la peine de mort : c'est ce qui résulte des paroles prononcées, à la séance du conseil d'Etat du 8 novembre 1808 ([1]), par M. le chevalier Faure, conseiller d'Etat et orateur du gouvernement. Il présentait au conseil d'Etat à cette même séance le projet de loi qui devait devenir, dans notre Code pénal, le chapitre relatif aux crimes et délits dirigés contre les personnes. Dans ce travail préparatoire, l'infanticide était déclassé, retiré de la catégorie des meurtres ordinaires, placé dans une catégorie exceptionnelle et assimilé, comme le parricide, à l'assassinat, par suite puni de mort. Deux opinions bien tranchées se manifestèrent aussitôt dans le sein du conseil d'Etat : l'une adoptant le projet du gouvernement, l'autre voulant l'adoption du projet primitif qui définissait l'infanticide : « L'homicide causé par une mère ou par ses complices

([1]) Locré, XXX, p. 382.

de son enfant nouveau-né » et qui infligeait à la mère coupable ainsi qu'à ses complices la peine de la déportation. Une vive discussion s'engagea sur ce point. L'archichancelier de l'Empire, Cambacérès, fit valoir que « le meurtre d'un enfant nouveau-né, d'un être sans défense, est un crime encore plus horrible que l'homicide; qu'il ne doit donc pas être puni moins sévèrement; que la pudeur ne doit point servir d'excuse pour une aussi grande atrocité; que, d'ailleurs, la crainte du déshonneur n'est pas toujours le motif qui porte à ce crime et que l'intérêt le fait aussi commettre ». Il concluait ainsi : « Donner la mort à son enfant après qu'il est né, est un acte de barbarie dont l'horreur ne saurait être palliée par aucune illusion : ce crime mérite certainement la peine de mort » (¹). M. le comte Treilhard convenait que ce châtiment n'était pas excessif à l'égard de celui qui tue un malheureux enfant sans défense, mais il observait qu'il ne serait pas aussi certainement appliqué qu'une peine moins grave et qu'il répugne toujours aux jurés d'envoyer à l'échafaud une mère que la crainte du déshonneur a égarée (²). Se joignant au comte Treilhard, le comte Berlier combattit la rigoureuse appréciation du crime en faisant valoir que la position de la fille-mère n'est nullement comparable à celle d'un assassin ou d'un meurtrier ordinaire, qui tue sans autre vue que de commettre un crime; et plus loin : « Il faut, pour un tel crime, une peine assez réprimante pour qu'il ne se reproduise point par l'exemple de l'impunité; mais, si la loi est trop dure, ne doit-on pas craindre que ses ministres ne soient trop indulgents? » Et Berlier concluait à l'adoption de la peine de la déportation (³). De cette séance du conseil d'Etat

(¹) Locré, XXX, p. 383.
(²) Locré, XXX, p. 382.
(³) Locré, XXX, p. 384.

du 8 novembre 1808, qui se termina par l'adoption de l'article 300, — alors article 269 — rédigé tel qu'il nous est parvenu, nous avons à retenir deux choses : la façon sévère dont les divers orateurs y apprécièrent à l'unanimité l'infanticide et le peu de souci qu'eut le conseil de savoir si, comme l'en avertissaient Treilhard et Berlier, la peine capitale dont il frappait ce crime n'entraînerait pas une trop grande indulgence de la part des jurys.

C'est un peu plus tard, à la séance du corps législatif du 7 février 1810, que nous voyons M. le chevalier Faure, orateur du gouvernement, établir nettement pour la première fois, dans son exposé des motifs, cette notion vraiment extraordinaire de la préméditation érigée en présomption de droit dans l'idée d'infanticide. Il s'exprimait ainsi : « Le meurtre d'un enfant nouveau-né, crime que le projet qualifie infanticide, sera puni de la même peine que l'assassinat. On se rappelle que la qualification d'assassinat est donnée à tout meurtre commis avec préméditation. *Or, il est impossible que l'infanticide ne soit pas prémédité :* il est impossible qu'il soit l'effet subit de la colère ou de la haine, puisqu'un enfant, loin d'exciter de pareils sentiments, ne peut inspirer que de la pitié... L'infanticide est donc, sous tous les rapports, un acte de barbarie atroce ; et quand il serait quelquefois le fruit du dérèglement des mœurs, une telle cause ne peut trouver d'indulgence dans une législation protectrice des mœurs » (¹).

Quelques jours après, à la séance du corps législatif du 17 février 1810, M. Monseignat, rapporteur nommé par la commission législative, disait à son tour : « Ce forfait, que le relâchement de nos mœurs a rendu si commun, a obtenu

---

(¹) Locré, XXX, p. 471 et Dalloz, *Jurisp. gén.*, *Crimes et délits contre les personnes*, p. 571, note 5.

dans ces derniers temps une scandaleuse impunité; une
fausse philanthropie, sans oser l'effacer de la liste des crimes, semblait lui accorder quelque excuse en faveur d'un
sexe faible et dominé par l'opinion : comme si, quelle que
soit la sévérité des jugements qui prononcent sur la perte
irréparable de l'honneur, on pouvait ne pas mettre au premier rang des crimes celui qui étouffe l'amour des enfants,
et la sollicitude pour leur conservation, le plus universel des
sentiments dont la nature ait favorisé tous les êtres. Les auteurs de la loi proposée ont donc justement placé dans la
même catégorie l'infanticide, l'empoisonnement et l'assassinat. Chez presque toutes les nations, ces grands forfaits ont
été punis de la plus grande des peines. La plupart des législateurs, frappés de l'énormité de ces attentats, ont même
imaginé de renchérir sur le dernier supplice; il ont cherché
des nuances jusque dans la mort, comme si la mort seule
n'était pas toujours une assez grande expiation de l'abus du
bienfait de la vie » (¹).

L'infanticide, à la vérité, était appelé à vivre sous le
régime des présomptions légales. L'Edit de 1556 avait déjà
conclu du défaut de déclaration de grossesse, de la part de
la mère, au meurtre de l'enfant décédé dans un temps très
rapproché de celui de sa naissance. En face du meurtre du
nouveau-né, l'orateur du gouvernement, dans ce projet de
loi, concluait à son tour à une préméditation inébranlable
destinée à transformer de plein droit en assassins les préve-
nus d'infanticide, sans que l'accusation eût jamais à faire
la preuve de la préméditation. « Il est impossible, avait dit
M. Faure, que l'infanticide ne soit pas prémédité ». Comment expliquer une pareille erreur dans une analyse cons-

---

(¹) Locré, XXX, p. 504; Dalloz, *Jurisp. gén.*, *Crimes et délits contre les personnes*, p. 574, n. 35.

Gauban   3

ciencieuse de l'infanticide tel qu'il se perpétre dans presque
tous les cas, c'est-à-dire sous l'influence d'un sentiment plus
fort que celui de la pitié pour l'enfant, quoi qu'en ait dit
M. Faure, et dont l'exaspération donne, d'un seul coup, à
l'acte criminel un caractère presque irrésistible? Nous voulons parler du sentiment de l'honneur à sauvegarder, sentiment que nous aurons plus loin l'occasion d'étudier en le
combinant avec l'état pathologique spécial à la femme en
couches. Nous ne sommes pas de ceux qui considèrent cette
erreur de M. Faure comme volontaire et comme inspirée
par le désir de l'empereur de frapper d'une peine extraordinaire les meurtriers d'enfants, parce que les meurtriers
d'enfants lui volaient ses soldats futurs ! Non. Si Napoléon,
avec son génie pratique, s'était occupé de la question, il
aurait vite compris qu'en matière criminelle, comme sur le
champ de bataille, s'il faut frapper fort, il faut avant tout
frapper juste et, après avoir éliminé la préméditation comme
présomption de droit, il aurait adouci la peine pour mieux
atteindre les coupables. La vérité, c'est que l'orateur du
gouvernement commit une grosse erreur qu'il est fort difficile d'expliquer. Il est encore plus difficile de comprendre
comment une pareille opinion put être accueillie par des
hommes aussi distingués que l'étaient alors les membres du
conseil d'Etat, sans qu'aucun d'eux se soit levé pour la
combattre. Certains ont supposé que cette fausse notion proclamée à la haute Assemblée avait trouvé sa source dans une
confusion commise au cours des débats par son président,
l'archichancelier Cambacérès, qui avait dit : « La peine de
mort est commune au parricide et à l'homicide » ([1]). Nous ne
le croyons pas, mais nous ne pouvons nous empêcher de

([1]) Locré, XXX, p. 383.

constater que voilà une autre erreur encore plus inexplicable que la première et que, pas plus que la précédente, personne ne releva. Comment Cambacérès a-t-il pu croire que le Code pénal, alors élaboré, frappait toujours l'homicide de la peine suprême, alors qu'il l'édictait seulement contre le meurtre accompagné de circonstances aggravantes ? Seul, M. Monseignat paraît ne pas avoir été très séduit par cette présomption de préméditation imaginée, proclamée au conseil d'Etat, et son silence sur ce point permet de croire qu'il n'était pas partisan de cette innovation, contraire, d'ailleurs, à tous les principes du droit. Il laissa, en effet, de côté, comme nous l'avons vu, ce point de vue et s'appuya, pour demander la peine de mort, sur un argument de pure sentimentalité tout aussi peu solide et que l'on peut ainsi résumer : l'infanticide est un meurtre simple, mais plus horrible que tous les autres à cause de la perversité qu'il décèle. C'était exagéré et l'honorable rapporteur avait bien soin de ne rien dire, pour être juste, des gros arguments qui militent en faveur de la fille-mère coupable.

Quoi qu'il en soit, le 17 février 1810, le corps législatif, en votant le titre deuxième du Code pénal, votait les articles 300 et 302 qui en font partie et qui, le 27 du même mois, furent promulgués ainsi rédigés.

« Article 300 : Est qualifié infanticide le meurtre d'un nouveau-né ».

« Article 302. — Tout coupable d'assassinat, de parricide, d'infanticide et d'emprisonnement sera puni de mort, sans préjudice de la disposition particulière contenue en l'art. 13, relativement au parricide ».

L'infanticide était donc retiré de la catégorie des meurtres ordinaires. Le caractère de haute perversité, de cruauté sans égale que les auteurs de la loi s'étaient accordés à reconnaître à ce crime leur avait paru suffisant pour le définir d'une façon particulière.

Son existence, d'après la définition qui en était donnée par l'art. 300, était subordonnée à la réunion des trois circonstances suivantes :

1° Un homicide ;

2° L'intention de donner la mort ;

3° La circonstance spéciale que la victime est un enfant nouveau-né.

Devant retrouver ces divers éléments dans la loi du 21 novembre 1901, c'est seulement dans le chapitre relatif à cette dernière loi que nous aborderons les nombreuses questions très controversées que soulève leur étude. Ici, nous nous bornerons à en examiner trois qui ont perdu de nos jours toute leur valeur, mais qui, en nous donnant une idée d'une législation aujourd'hui abolie, feront ressortir plus clairement les caractères de la législation actuelle.

La première peut se poser de la façon suivante :

La préméditation était-elle, d'après le Code de 1810, un des éléments nécessaires de l'infanticide ?

Constatons que M. Monseignat avait été plus écouté que M. Faure dont la loi, au moins en apparence, ne reproduisait pas la théorie très critiquable de la préméditation, présomption de droit. Cela résulte suffisamment, il nous semble, du mot « meurtre » contenu dans ce premier article. Et puis, si la préméditation eût été indispensable pour constituer ce crime, il n'y avait nulle nécessité de créer la spécialité de l'art. 300 : lorsque l'homicide volontaire du nouveau-né aurait été commis sans préméditation, il se serait trouvé tout naturellement compris dans la catégorie des meurtres ordinaires que définit l'art. 295 du Code pénal et que punit l'art. 304, § 3, et lorsqu'il aurait été prémédité, il eût été atteint par les dispositions des art. 296 et 302 relatives à l'assassinat; dès lors, à quoi bon la création d'un article spécial? Cela ne servait à rien, et comme on ne doit pas prêter au législateur des superfétations oiseuses, on ne doit pas admettre non plus qu'il ait entendu faire dépendre, comme le lui proposait M. Faure, la gravité de la peine de la question de préméditation. Si l'on s'attache au texte, on se fortifie encore dans cette idée, car l'art. 300 n'exige nullement que l'homicide volontaire de l'enfant soit prémédité; s'il l'eût voulu, il l'eût dit; il l'eût qualifié d'assassinat, tandis qu'il le qualifie seulement de meurtre, comme l'art. 299 qualifie de meurtre le parricide, crime à l'égard duquel on ne songe pas à exiger la préméditation.

Nous aurons, du reste, l'occasion d'examiner plus loin les motifs spéciaux de l'extrême sévérité montrée par le Code pénal pour l'homicide volontaire du nouveau-né, nous bornant à dire ici que l'avis unanime des auteurs (¹) est conforme à ces données et à rappeler brièvement, comme pure notion historique, l'arrêt de la Cour de cassation du 13 octobre 1814 (²) qui sanctionna cette opinion qu'aucune décision ultérieure n'a renversée.

Marie-Jeanne Gaillet était accusée d'avoir, le 25 août 1813, commis volontairement et avec préméditation un homicide sur l'enfant nouveau-né dont elle était accouchée. Cette accusation étant soumise au jury, le jury déclara cette femme coupable d'avoir volontairement homicidé son enfant, mais *sans préméditation*.

Par arrêt du 13 novembre 1813, la Cour d'assises de la

(¹) Garraud, *Tr. théor. du dr. pén. français*, IV, 2ᵉ édit., 1900, n. 1611; Garçon, *Code pén. annoté*, 1904, p. 703 al. 5; Blanche, *Etudes pratiques sur le Code pén.*, 1888, p. 726, n. 510.

(²) V. *Bull. des arrêts de la Cour de cass.*, 1874, n. 38, p. 85.

Marne, appliquant à Marie-Jeanne Gaillet l'art. 304 du Code pénal, la condamna aux travaux forcés à perpétuité comme coupable d'un meurtre ordinaire.

Le procureur général près la Cour de cassation requit l'annulation de cet arrêt dans l'intérêt de la loi.

« Attendu que Marie-Jeanne Gaillet était accusée et a été déclarée coupable d'avoir volontairement homicidé son enfant nouveau-né, que ce crime n'est pas seulement le crime défini par l'article 295, mais qu'il est le crime *beaucoup plus grave* d'infanticide défini par l'art. 300 ; que si l'art. 304 porte la peine des travaux forcés à perpétuité contre tout coupable de meurtre simple, l'art. 302 porte la peine de mort contre la mère coupable du meurtre de son enfant nouveau-né ;

» Qu'en prononçant contre Marie-Jeanne Gaillet la peine portée par l'art. 304, la Cour d'assises de la Marne a fait une fausse application dudit article et qu'elle a violé les art. 300 et 302 cités ci-dessus ;

» Par ces motifs, casse et annule dans l'intérêt de la loi. .

. . . .

Rien n'est plus net.

La volonté de tuer le nouveau-né, jointe au fait, suffisait donc pour que ce fait prît la qualification d'infanticide, sans qu'il y eût à s'enquérir si la préméditation avait ou n'avait pas existé. La loi n'en prenait nul souci, elle ne la supposait pas, quoi qu'en aient dit certains auteurs ; elle ne s'en préoccupait point et sa présence ou son absence n'altérait nullement à ses yeux la qualification à donner au crime. Ajoutons même que la question ne fut soulevée, en 1814, que parce que le Code pénal de 1810 était promulgué depuis peu, qu'on était encore sous l'influence des principes immédiatement antérieurs, et que, d'après la loi de 1791, la préméditation devait être prouvée, puisque cette loi n'avait pas fait de l'infanticide un crime spécial, et l'avait classé dans la nomenclature ordinaire des meurtres, c'est-à-dire sans peine de mort, s'il n'avait pas été prémédité.

Après avoir ainsi établi la part occupée par la préméditation dans la définition que le Code pénal de 1810 donnait de l'infanticide, nous devons examiner, parce que cette question donna naissance à deux théories différentes, le rôle que jouait la novo-natalité dans la conception légale d'infanticide. Donc, sans nous attarder à préciser le sens du mot « nouveau-né » dont la loi criminelle se servait mais qu'elle ne définissait pas, — l'étude de la loi du 21 novembre 1901, qui reproduit ce terme nous fournira une meilleure occasion d'en fixer le sens, — nous essaierons de résoudre rapidement cette question : La qualité d'enfant nouveau-né était-elle, d'après le Code pénal, une circonstance constitutive ou bien une circonstance simplement aggravante du crime d'infanticide?

La Cour de cassation a constamment décidé que la qualité d'enfant nouveau-né était une circonstance constitutive, et non simplement aggravante (¹).

Conformément à ces principes, quand, en matière d'infanticide, elle a eu à se prononcer sur des pourvois renfermant comme moyen de cassation une prétendue violation de l'art. 1ᵉʳ de la loi du 13 mai 1836, en ce que, contre le vœu de cet article, il avait été posé au jury une seule question complexe sur le meurtre et sur la qualité d'enfant nouveau-né, la Cour a rejeté ces pourvois (arrêts des 21 août 1840, 16 juillet 1842, 13 mars 1845) (²).

Le premier de ces arrêts s'exprime ainsi : « Attendu que, d'après l'art. 300 du Code pénal, l'infanticide est un crime *sui generis,* spécial et distinct de l'homicide volontaire ; que,

---

(¹) *Contra* v. Garraud, IV, 1900, n. 1608, 1595, 1585 et 1586.
(²) V. *Bulletin crim.*, 1810, n. 237; 1842, n. 184; 1845, n. 94.

dans l'infanticide, la qualité d'enfant nouveau-né n'est pas une circonstance aggravante, mais une circonstance constitutive de ce genre de crime ; que c'est dès lors avec raison que le président n'a pas fait de cette circonstance l'objet d'une question distincte et séparée.... » (Cass., 21 août 1840).

Ce système de la Cour de cassation fut l'objet de sérieuses critiques, notamment de la part de M. Poulizac, dans *la Revue de Législation et de Jurisprudence* (Rev. Wolowski), t. XX, p. **221, 222, 223** et **224** et surtout de la part de M. Achille Morin, dans son répertoire général de Droit criminel, au même mot.

A vrai dire, c'est en se plaçant uniquement au point de vue du parricide que M. Morin critique la jurisprudence de la Cour suprême. Mais en le faisant, il visait aussi implicitement l'infanticide, et si nous nous permettons d'exposer son système pour le combattre, c'est qu'il fut exploité, sauf quelques nuances, spécialement contre l'infanticide, par les autres criminalistes que nous venons de nommer.

« Le crime de parricide, en théorie, dit M. Morin, doit être réputé complexe puisqu'il comprend un meurtre déjà punissable, et une circonstance qui en fait un crime capital, d'où il résulte que la peine du meurtre simple reste applicable, quoique la qualité aggravante vienne à être écartée (Cour de Cassation, **27** novembre 1812, 2 mars 1850). Mais la jurisprudence y voit un crime *sui generis*, en ce qu'il est particulièrement défini dans l'art. **299**, de telle sorte qu'on peut et doit même poser au jury une seule question, comprenant tous les éléments du crime, à ce point qu'il y aurait nullité, si la qualité de la victime était distinctement soumise au jury, comme circonstance aggravante.

« A notre avis, il n'y a qu'un crime complexe dans le parricide. Pourquoi dit-on que le parricide est un crime

sui generis ? Parce qu'il a sa définition spéciale. Mais; il en
est ainsi de l'assassinat, qu'on reconnaît pourtant être un
crime complexe, nécessitant une division dans les questions.
Pourquoi prétend-on que le parricide est un crime simple ?
Parce qu'il n'existerait pas sans la qualité de fils qui est con-
séquemment élémentaire. Mais, cette circonstance écartée, il
reste un meurtre quand l'homicide est volontaire, et même
un assassinat, s'il y a eu préméditation, ou bien le crime
d'empoisonnement si la mort a été donnée par le poison... »

Pourquoi l'infanticide est-il un crime *sui generis*, distinct
du meurtre ordinaire ? C'est, répond la Cour, parce que
l'infanticide ne se compose pas d'un seul élément constitutif
mais bien de deux : 1° le meurtre ; 2° la qualité d'enfant nouveau-né : s'il n'y a pas d'enfant nouveau-né, il n'y a point
d'infanticide. Sans doute, peut-on répondre ; mais, à ce point
de vue, l'assassinat se compose aussi de deux éléments constitutifs : 1° le meurtre ; 2° la préméditation ou le guet-apens,
car, s'il n'y a ni préméditation, ni guet-apens, il n'y a pas
non plus d'assassinat, et pourtant, encore une fois, la préméditation ou le guet-apens n'est qu'une circonstance aggravante
du meurtre renfermé dans l'assassinat : Qu'est-ce qui empêche
donc que la qualité d'enfant nouveau-né ne soit aussi une
circonstance aggravante du meurtre renfermé dans l'infanticide ? Puisque, pour l'assassinat, il est démontré qu'un de
ses éléments constitutifs peut être considéré comme une
circonstance aggravante de l'autre élément, pourquoi n'en
serait-il pas de même pour l'infanticide ?

Partisan de la jurisprudence de la Cour suprême, nous
répondons : La préméditation et le guet-apens sont deux
circonstances indépendantes du fait de meurtre, antérieures
à ce fait, qui n'en font pas partie, que la justice y rattache
quand elle les découvre, mais qui ne s'y rattachent pas

d'elles-mêmes, qui, sous certain rapport, n'existent même plus au moment du meurtre, car, dans ce moment, on ne prémédite plus, on agit. Il est donc concevable que ces circonstances n'aient pas, pour changer la nature du fait, la même efficacité que la circonstance de novo-natalité qui est contemporaine, concomitante du meurtre, qui s'y unit, s'y incorpore, et ne forme plus avec lui qu'un tout indivisible, se modifiant par cette alliance, comme il arrive en chimie quand de la combinaison de deux substances naît un composé qui diffère d'elles, non seulement par son nom, mais encore par ses propriétés. Nous concluons donc, avec la Cour de cassation : Sous le Code pénal de 1810, la qualité d'enfant nouveau-né était une circonstance constitutive du crime d'infanticide.

Nous en arrivons maintenant à la peine de mort, édictée par l'art. 302 contre « tout coupable..... d'infanticide..... » Avant d'en faire la critique et d'en montrer les résultats funestes, disons un mot d'une dernière question qui donna lieu à quelques controverses et à un arrêt important de la Cour de cassation. Nous pouvons la poser de la façon suivante : Sous le Code de 1810, le meurtre d'un enfant nouveau-né ne constituait-il l'infanticide que lorsqu'il était commis par sa mère ou par son père ?

En commentant l'art. 300, Carnot, peut-être sous l'influence de quelques paroles prononcées pendant les travaux préparatoires, peut-être aussi encore imbu de la vieille doctrine qui ne discutait l'infanticide qu'en supposant toujours qu'il était commis par la mère et de l'esprit de l'Ordonnance de 1556, qui ne se préoccupait également que de la peine à infliger à celle-ci, Carnot, disons-nous, essaya d'en restreindre la portée en soutenant qu'il ne pouvait s'appliquer qu'à la mère de l'enfant homicidé : il argumentait de cette cir-

constance que la qualité de la personne devait aggraver
l'atrocité du fait ([1]). Dès 1816, on chercha à utiliser son opinion dans un recours en cassation formé contre un arrêt de
la Cour d'assises de Seine-et-Oise qui avait, le 9 décembre 1815, condamné Louis Cotenet à la peine de mort, sur la
déclaration du jury portant que le dit Cotenet (qui n'était pas
le père) était coupable d'homicide volontaire sur un enfant
nouveau-né.

La Cour suprême rejeta ce pourvoi dans son arrêt du
8 février 1816 ([2]) dont nous extrayons le passage suivant :

« Attendu que, l'art. 300 du Code pénal ayant défini l'infanticide, le meurtre d'un enfant nouveau-né sans exiger le
concours d'aucune circonstance, il suffit que le meurtre dont
l'accusé s'est rendu coupable ait été commis sur un enfant
nouveau-né pour qu'il y ait lieu à l'application de la peine
portée contre l'infanticide, sans qu'il soit nécessaire que
l'auteur du crime ait été le père ou la mère;..... La Cour
rejette... ».

Elle confirma même sa propre jurisprudence dans un nouvel arrêt du 14 avril 1837 ([3]), où il est dit incidemment :

«..... Puisque toute personne autre que le père ou la mère
peut être déclaré coupable d'infanticide..... ».

Cette jurisprudence fut vivement attaquée par Carnot ([4]) et
Rauter ([5]) dont la théorie était trop contraire à la lettre de
l'art. 300 pour pouvoir triompher, et que M. Dalloz, dans
son *Répertoire* ([6]), réfuta en ces termes : « Est-il nécessaire,

---

([1]) Voir Chauveau et Hélie, III, n. 1218.

([2]) V. ce pourvoi et cet arrêt dans Sirey, 1816, I, p. 143.

([3]) V. Sirey, 1837, 1, 358.

([4]) V. Briand et Chaudé, *Manuel complet de médecine légale*, 1879, p. 338, I.

([5]) V. Rauter, *Traité théorique et pratique de droit criminel français*, II,
n. 448.

([6]) V. XIV, p. 596, n. 82.

pour constituer le crime d'infanticide, que le meurtre de l'enfant ait été commis par son père ou sa mère ? On a dit pour l'affirmative que le mot infanticide, comme celui de parricide dans l'art. 299, emporte avec lui l'idée d'une relation de parenté entre le meurtrier et sa victime ; que c'est parce que la qualité des personnes rend le crime plus atroce que l'infanticide est puni plus rigoureusement que le meurtre. Mais on répond que l'art. 299 a désigné les personnes dont le meurtre constitue le parricide, tandis que l'art. 300 déclare infanticide le meurtre de tout enfant nouveau-né, sans exiger le concours d'aucune autre circonstance ; que ce n'est point la qualité des auteurs du crime qui a fait prononcer la peine de mort contre le meurtre d'un enfant nouveau-né, puisque, dans le cas où un père ou une mère commettent le même crime sur leur enfant au moment où on ne peut plus appliquer à celui-ci la qualification de nouveau-né, ce meurtre est un meurtre ordinaire, et, comme tel, puni seulement de la peine des travaux forcés ; que c'est principalement la facilité de soustraire à la société un enfant qui ne compte pas encore au nombre de ses membres qui a déterminé le législateur à effrayer par la menace du dernier supplice ceux qui pourraient être tentés de commettre un infanticide ; que cette facilité n'existe pas moins pour les tiers que pour les père ou mère de l'enfant, et qu'ainsi on ne peut puiser, ni dans les expressions littérales de la loi, ni dans l'esprit qui a présidé à sa rédaction, de motif plausible pour restreindre le crime d'infanticide au cas de mort d'un enfant par son père ou sa mère ».

D'ailleurs, le législateur se chargea lui-même d'infirmer indirectement la doctrine de Carnot dans l'art. 5 de la loi du 25 juin 1824, qui, comme le font observer avec raison Chauveau et Hélie, « en déclarant que la peine de mort pourrait être réduite, à l'égard de la mère, à la peine des travaux forcés à perpétuité, et que cette réduction n'aurait lieu à l'égard d'aucun individu autre que la mère, indiquait clairement que, dans l'opinion du législateur, si la mère seule était excusable, l'incrimination n'était pas limitée à elle seule » (¹).

Ainsi le Code pénal de 1810 condamnait à la peine de mort toute personne déclarée par le jury coupable d'infanticide. Cette extrême sévérité ne se justifiait ni par la faiblesse de la victime, car on rentrait dans les règles du meurtre et de l'assassinat bien longtemps avant que l'enfant fût en état d'opposer une défense quelconque à son agresseur, ni par les liens de parenté qui, comme dans le parricide par exemple, lient le coupable à la victime puisque la peine était la même si un étranger donnait la mort à un nouveau-né : les rédacteurs de la loi considérant que l'enfant, dans les premiers temps de sa venue au monde, n'a pas de place dans la société, y vit ignoré et qu'il est facile de l'en retrancher sans que sa suppression puisse être découverte, avaient pensé qu'il était sage d'arrêter, par la menace d'une peine terrible, ceux qui, abusant de cette situation, oseraient attenter à sa vie (²). Malheureusement, en voulant frapper fort, la loi avait frappé à côté du but; la peine capitale, châtiment par trop disproportionné avec la criminalité de l'acte qu'il avait pour but de réprimer, ne devait pas produire les résultats pratiques qu'on attendait d'elle. « La cruauté des peines, écrivait Beccaria, en 1764, produit deux résultats funestes, contraires au but de leur établissement, qui est de prévenir le crime....... Le second est que les supplices les plus horribles peuvent mener quelquefois à l'impunité. L'énergie de la nature

(¹) V. Chauveau et Hélie, *Théorie du Code pénal*, III, n. 1218.
(²) Blanche, IV, n. 502. — Cass., 24 déc. 1835 (Sirey, 36. 1. 25) et 14 avril 1837 (Sirey, 37. 1. 358).

humaine est circonscrite dans le mal comme dans le bien. Des spectacles trop barbares ne peuvent être que l'effet des fureurs passagères d'un tyran et non se soutenir par un système constant de législation. Si les lois sont cruelles, ou elles seront bientôt changées, ou elles ne pourront plus agir et laisseront le crime impuni. Je finis par cette réflexion que la rigueur des peines doit être relative à l'état actuel de la nation....... A mesure que les âmes s'adoucissent dans l'état de la société, l'homme devient plus sensible ; et, si l'on veut conserver les mêmes rapports entre l'objet et la sensation, les peines doivent être moins rigoureuses » ([1]). Ces lignes, écrites et publiées en Italie cinquante ans avant la promulgation de notre Code, ne visaient pleinement, en France, que les cruautés du système répressif de l'ancien régime; mais n'est-il pas vrai qu'elles retrouvaient toute leur actualité et toute leur vraie portée en face de la sévérité de la loi vis-à-vis de l'infanticide? Cette extrême rigueur, qui avait pour but de renforcer la répression, eut pour effet de l'énerver. Le législateur de 1810 avait pris exactement le contrepied de la vérité proclamée par le criminaliste milanais, aggravant la peine de l'infanticide au moment précis où les mœurs s'adoucissaient : le résultat ne se fit pas attendre, tel que l'avaient prévu, à la séance du 8 novembre 1808, deux conseillers d'Etat opposés aux rigueurs nouvelles et partisans convaincus de la déportation. On se rappelle leurs paroles pleines de sages avertissements. « Il répugne aux jurés, avait dit Treilhard, d'envoyer à l'échafaud une mère que la crainte du déshonneur a égarée ». Cette prédiction se réalisa : la peine de mort ne pouvant être mitigée par l'admission de circonstances atténuantes, — l'art. 463 du Code pénal n'autorisait pas

---

([1]) Beccaria, *Des délits et des peines*, ch. XV, p. 89 et 90.

l'admission de ces circonstances en matière criminelle ([1]) —, dès 1813, on vit deux cours d'assises refuser d'appliquer l'art. 302 et ne prononcer contre des accusés reconnus coupables d'infanticide que la peine des travaux forcés à perpétuité. La Cour de cassation réprima cette violation flagrante de la loi par les arrêts des 13 octobre et 17 novembre 1814 ([2]). Dès lors, les jurys se mirent à acquitter et ce fut, depuis ce moment, une série d'acquittements basés uniquement sur ce fait que la peine établie contre l'infanticide semblait monstrueuse de sévérité; placés dans l'impérieuse nécessité de choisir entre la mort et l'acquittement, ils n'hésitaient pas, bien que la culpabilité de l'accusé fût certaine, et rendaient un verdict négatif pour éviter l'application d'une peine exorbitante. En vérité, ils avaient raison de mettre de côté l'intérêt de la société, l'avenir social qui peuvent être d'un grand poids dans l'esprit du législateur, mais qui n'auront jamais qu'une valeur insignifiante aux yeux d'hommes chargés de juger leurs pareils et guidés par le seul souci de proportionner le châtiment à la criminalité de chaque coupable. C'était la faillite du système répressif de l'infanticide, mais c'était aussi, pour ainsi dire, l'impunité assurée à ce genre de crime. Les pouvoirs publics s'émurent de cette indulgence qui constituait un grave danger pour la société. Le plus sage eût été de supprimer d'un coup une peine reconnue par tous comme exagérée : on préféra n'y apporter qu'une légère modification destinée à en tempérer la rigueur.

En effet, en 1824, le garde des sceaux saisit les Chambres d'un projet de loi qui créait, en faveur de la mère infanticide et d'un petit nombre de crimes, le système des circonstances atténuantes qui devait être généralisé, huit ans après, par la

([1]) V. ancien art. 463, modifié par la loi du 28 avril 1832.
([2]) V. *Bull. des arrêts de la Cour de cass.*, année 1814, n. 38 et 39.

loi du 28 avril 1832 ; l'art. 5 de ce projet était ainsi conçu :
« La peine portée par l'article 302 du Code pénal contre la
mère coupable d'infanticide pourra être réduite à celle des
travaux à perpétuité. Cette réduction de peine n'aura jamais
lieu à l'égard d'aucun individu autre que la mère ». Avant
d'appeler les pouvoirs législatifs à délibérer, le ministre de la
justice avait consulté les Conseils généraux qui avaient
approuvé la réforme projetée mais s'étaient en même temps
presque tous prononcés en faveur du rétablissement de la
déclaration de grossesse, antérieurement exigée par l'Edit de
1556. Bien entendu, les assemblées départementales ne
souhaitaient pas que l'on fît découler, comme autrefois, de
l'omission d'une pareille déclaration la preuve formelle de
l'infanticide. Mais elles exprimaient le vœu que la fille-mère
fût tenue de révéler son état sous la menace depeines correctionnelles. A la Chambre des députés, cette thèse fut ardem-
ment soutenue par le rapporteur de la Commission : « Si la
loi, dit-il, imposait aux filles enceintes l'obligation de déclarer
leur grossesse, si elle entourait cette démarche de tout ce qui
peut en garantir la facilité et le secret, si, à l'inexécution
d'une telle obligation des peines suffisamment sévères étaient
attachées, ne parviendrait-on pas à diminuer le nombre
effrayant de ces forfaits qui font frémir la nature ? » (¹). M. de
Seguret présenta un amendement ayant pour but de ressusciter
l'obligation des déclarations de grossesse ; mais il ne fut pas
pris en considération et le projet du gouvernement, voté sans
modification, devint la loi du 25 juin 1824 dont l'article 5
seul nous intéresse.

Les magistrats, non le jury, recevaient donc la faculté
d'abaisser la peine d'un degré en faveur de la mère coupa-

(¹) M. Jaquinet-Pampelune, *Moniteur universel*, n. du 16 juin 1824.

ble, la peine de mort restant maintenue contre tous les autres auteurs du crime. Cette distinction très nette de deux infanticides était un fait sans précédent dans notre législation pénale; elle modifiait indirectement la définition de l'art. 302 et marquait le triomphe du point de vue *subjectif* : en d'autres termes, la majorité législative de 1824 avait pensé que la cause de la mère pouvait mériter une indulgence que ne devait jamais espérer celle des autres coupables d'un crime semblable ; c'était la voie ouverte à tous les progrès susceptibles de se réaliser en cette matière, c'était la justification anticipée de l'excuse légale admise en 1901. Mais, s'il était vrai que l'opinion publique avait repoussé la sévérité du Code pénal de 1810, surtout en ce qui concernait la mère, constatons qu'on ne cédait pas assez à cette opinion en laissant à la merci des magistrats la réduction de la peine, et spécialement en n'autorisant cette réduction que pour un degré. Il est à croire que ceux des jurés auxquels la peine de mort répugnait avaient aussi de la répugnance pour une peine perpétuelle; et puis, le jury qui ignorait les intentions de la Cour, qui pouvait, à bon droit, appréhender qu'elle n'admît pas la réduction facultative, devait trembler, hésiter et refuser peut-être le « oui » fatal. Il aurait donc mieux valu que la loi de 1824 abaissât elle-même, directement et dans tous les cas, la peine d'un ou même de deux degrés dans l'intérêt de la mère. Aussi ne produisit-elle aucun résultat appréciable et ne changea-t-elle ni les dispositions du jury, ni son verdict.

Le législateur de 1832 le comprit; la loi du 28 avril de cette année abrogea celle de 1824. Cette loi formula la définition et la peine de l'infanticide comme l'avait fait le Code de 1810; c'est-à-dire la peine de mort prononcée contre « tout coupable d'infanticide ». Mais, elle y fit une double et

Gauban 4

bien importante addition : l'art. 463 (¹), modifié par elle, étendait à tous les crimes et à tous les cas la faculté d'admettre des circonstances atténuantes et transportait au jury l'exercice de ce droit qui, auparavant, était exclusivement attribué à la Cour. De plus, dans le cas d'admission de circonstances atténuantes par le jury, la Cour était désormais obligée d'abaisser la peine d'un degré avec faculté de l'abaisser de deux : en d'autres termes, et pour ce qui était de l'infanticide, si l'accusé était reconnu coupable avec circonstances atténuantes, la Cour devait prononcer les travaux forcés à perpétuité et pouvait, descendant encore d'un degré, prononcer la peine des travaux forcés à temps dont le minimum était de cinq années.

Lors de la discussion de cette loi, certains membres de la Chambre des députés essayèrent de faire maintenir la distinction qu'avait établie le législateur de 1824 entre la peine à infliger à la mère et celle à infliger à tout autre ; ils proposèrent dans ce sens un amendement tendant à l'application de la détention perpétuelle à la mère, la peine de mort restant maintenue contre tous autres coupables. Mais, sur les observations de M. le Garde des sceaux, l'amendement fut rejeté (²) ; ce dernier avait fait valoir qu'il était mieux de laisser au jury le soin d'apprécier les circonstances qui avaient pu entraîner la mère au crime, et de décider s'il existait à son égard des circonstances atténuantes (³).

Ainsi disparaissait la distinction créée par la loi de 1824 entre la mère et toute autre personne accusée d'infanticide ; l'une et l'autre étaient désormais passibles de la peine de mort sans que le châtiment pût, par l'admission des cir-

---

(¹) V. *Bulletin des lois*, année 1832 ; *Bulletin*, n. 151, p. 389 et s.
(²) Chauveau, Faustin-Hélie et Villey, III, n. 1220.
(³) Fuzier-Herman, *Rép. du dr. français*, v° *Infanticide*, p. 227, n. 75.

constances atténuantes, descendre au-dessous de cinq ans de travaux forcés.

Une répression insuffisante, une intensité plus active de la criminalité, tel devrait être, au regard de l'infanticide, le bilan de cette nouvelle législation qui, si elle n'engendra pas ces fléaux, dut tout au moins s'avouer impuissante à les combattre. Mal inspiré, le législateur de 1832 l'avait été une première fois quand il avait supprimé la distinction de deux infanticides, établie par la loi de 1824 et que consacraient alors presque tous les codes européens. Ces codes distinguaient en effet, suivant que le crime avait été commis par la mère de la victime ou par un étranger et abaissaient la pénalité quand la mère était coupable. Il l'avait encore été, et ici l'erreur était capitale, en édictant comme minimum une pénalité encore beaucoup trop élevée. Ce minimum de cinq années de travaux forcés était généralement considéré comme trop sévère, surtout quant à la mère coupable, et puis le jury, toujours méfiant vis-à-vis de la cour, devait forcément préférer l'indulgence, même injustifiée, d'un verdict négatif, à la justice d'un verdict affirmatif dont les suites redoutables, c'est-à-dire les travaux forcés à perpétuité, lui faisaient peur.

Consultons la statistique française, lisons, dans ce but, l'important rapport qui sert de préface au compte général de l'administration de la justice criminelle en France pour 1880 (¹), et nous constatons que, de 1831 à 1863, le nombre des infanticides poursuivis augmenta d'une façon continue et inquiétante et que ce crime eut une marche beaucoup plus rapide que les autres crimes contre les personnes : le nombre des accusations d'infanticide, qui n'était que de 471 pour la période quinquennale 1831-1835, atteignait, dans celle de

(¹) P. XIV.

1856-1860, la somme énorme de 1.069 après s'être successivement élevé, durant les périodes intermédiaires, aux chiffres régulièrement croissants de 676, 715, 761, 915. La loi fut donc impuissante à combattre le fléau. De plus, s'il est incontestable qu'on ne trouvera jamais dans une législation, même parfaite, la solution d'un problème social tel que l'infanticide, s'il est, par tous pays, des causes naturelles en qui la criminalité puise sa marche fatalement ascendante, — augmentation de la population et démoralisation des masses —, il se produisit à cette époque un événement capital pour notre matière : nous voulons parler de la suppression des tours. Précédée, dès 1827, d'une série de mesures prohibitives ou répressives destinées à diminuer le nombre des abandons d'enfants, cette réforme commença, en 1834, par la fermeture annuelle et méthodique d'un très grand nombre de « tours libres », c'est-à-dire de ceux qui recevaient l'enfant sans s'enquérir de la mère, pour finir, vers 1860, 1862, par leur suppression à peu près complète (¹). C'est à cela, croyons-nous, que l'on doit attribuer en grande partie la recrudescence inquiétante du crime d'infanticide durant cette période. A partir de 1863, les chiffres cessent de grossir, demeurent stationnaires puis dessinent même, à partir de 1875, une légère marche décroissante :

De 1861 à 1865	1028	De 1881 à 1885	880
De 1866 à 1870	932	De 1886 à 1890	875
De 1871 à 1875	1031	De 1891 à 1895	754
De 1876 à 1880	970(²)	De 1896 à 1900	535

(¹) Aucune loi n'intervint pour opérer d'un seul coup cette suppression. L'institution du tour remontait au décret du 19 janv. 1811. V. *Rép. gén. alphab. du dr. français*, vᵒ *Enfants assistés*, n. 98 et s.

(²) Cfr. Rapport général du compte-rendu de 1880 ; les comptes généraux de 1881, 82, 83, 84, 85 ; le rapport préface du compte général de 1894 (page 6) et les comptes généraux des années 1895, 96, 97, 98, 99 et 1900.

Ces chiffres surprennent au premier abord, surtout après leur marche effrayante des années précédentes. Cependant, on peut les expliquer et l'explication nous la trouvons dans le rapport du compte général de 1880 (¹) : « Je ne parle pas, y dit M. le Garde des sceaux, des périodes anormales 1866-1870 et 1871-1875, si ce n'est pour faire remarquer que les difficultés apportées à la recherche des crimes et des délits par les événements de 1870-1871 n'ont pas produit une diminution notable. Quant à la période la plus récente, elle fournit un chiffre qui la rapproche de celle de 1861 à 1865. Quoi qu'il en soit, la réduction que l'on constate pour les dernières périodes, non seulement n'est pas assez marquée pour calmer les inquiétudes, mais encore n'est qu'apparente. En effet, la loi du 13 mai 1863, en réduisant à un simple délit le fait de suppression d'enfant lorsqu'il n'est pas établi que celui-ci ait vécu ou lorsqu'il est établi qu'il n'a pas vécu, a donné aux parquets et aux juges d'instruction les moyens de déférer à la juridiction correctionnelle des infanticides auxquels les conditions de leur perpétration auraient, sans nul doute, assuré l'impunité. Et ce qui donne une certaine force à cette hypothèse, c'est que les tribunaux correctionnels ont jugé, à partir de 1863, de moins en moins d'homicides involontaires d'enfants nouveau-nés par leurs mères, délit sous la qualification duquel on correctionnalisait auparavant les infanticides ». Et maintenant, si, nous plaçant au point de vue de la répression, nous étudions cette période de cinquante années qui s'étend de 1831 à 1880, nous constatons encore avec le rapport que « les verdicts du jury ne furent pas de nature à intimider les coupables, à prévenir les crimes et que, si des acquittements intervinrent en faveur de 26 p. 100

(¹) Pages 14 et 15.

des accusés d'infanticides, les circonstances atténuantes furent admises 99 fois sur 100 » ([1]). Ajoutons que les magistrats, s'associant à l'indulgence des jurés, abaissèrent 98 fois sur 100 la peine de deux degrés : toutes remarques qui conservent leur actualité, même après 1880. Si, en effet, nous constatons avec le rapport du compte général de 1894 (p. 6) que « dans son ensemble la marche de ce crime révèle une diminution considérable si l'on se reporte à 40 ou 50 ans en arrière », nous observons, d'un autre côté, en nous basant sur les statistiques récentes, que ce tableau, déjà s sombre en 1880, mérite d'être poussé encore plus au noir, à partir de cette époque jusqu'à nos jours, pour rester dans la vérité des faits. La situation alla en empirant et il suffit de se reporter aux dix derniers comptes, parus de 1884 à 1893, pour en faire la pénible constatation. Durant cette période décennale, 1780 accusés d'infanticide furent déférés au jury qui en acquitta 668, soit une proportion de 38 p. 100, tandis qu'auparavant, comme nous l'avons vu, la moyenne des acquittements était seulement de 26 p. 100. Encore faut-il observer que, pour 433 accusés, soit 24 p. 100 de leur nombre total, si un verdict négatif put être évité, c'est grâce à ce que les présidents d'assises posèrent d'office la question subsidiaire de suppression d'enfant ou d'homicide par imprudence, offrant ainsi au jury la faculté de provoquer seulement l'application d'une peine correctionnelle. Poussons plus avant nos études statistiques et nous en arrivons, en 1900, aux conclusions suivantes : depuis 25 ans, la moyenne des accusations pour infanticide baissait d'une façon très appréciable en apparence, si l'on oppose les 535 accusations de la période quinquennale 1896-1900 aux 970 de la période 1876-

([1]) Même rapport, p. 15 et 16.

1880. En réalité, elle marquait à grand'peine un léger flé-
chissement, si l'on voulait bien examiner le nombre toujours
croissant, depuis la loi du 13 mai 1863, des infanticides
correctionnalisés, faute de preuves suffisantes, par les parquets sous la qualification de suppression d'enfant et la
progression constante du nombre des ordonnances de non-
lieu et des affaires d'infanticides classées sans suite (¹), ces
dernières s'élevant, pour la période décennale 1885-1895, au
chiffre colossal de 3.263.

Le nombre moyen annuel des acquittements était de
36 p. 100, moyenne elle-même très inexacte, car le chiffre
des peines correctionnelles, prononcées à la suite de questions subsidiaires posées au jury par les présidents d'assises,
grossissait d'une façon régulière depuis 1875. C'est grâce à
ce procédé, auquel ont encore de nos jours trop souvent
recours les présidents d'assises, que bien des acquittements
injustifiés avaient pu être évités. La véritable moyenne était
45 p. 100 et c'était en vérité une moyenne que ne justifiait
pas seul le défaut de preuves (²).

Enfin, les circonstances atténuantes étaient accordées
99 fois sur 100 par le jury et, dans ce cas, la Cour d'assises,
usant de la faculté conférée à elle par l'art. 463 du Code
pénal, s'associait à l'indulgence du jury dans la même proportion.

Cette marche inquiétante de la criminalité, et par dessus
tout l'indulgence scandaleuse dont bénéficiait auprès des
jurys cette catégorie de crimes, particulièrement néfastes au
point de vue social, étaient l'objet des préoccupations de tous
les sociologues et un sérieux sujet d'inquiétude pour tous les

(¹) Voir thèse de M. Durand sur l'infanticide, 1903. Tableaux statistiques, p. 86,
87, 96, 97.
(²) Voir idem. Thèse de M. Durand.

philanthropes. Déjà, en 1864, M. le conseiller Berryat-Saint-
Prix constatait qu'en trente ans, de 1833 à 1862, sur 5.591
accusés d'infanticide traduits en Cour d'assises, 1.998 avaient
été acquittés ; 954 condamnés à deux ans au plus de prison ;
2.584 aux travaux forcés à temps ou à vie ; 55 à la peine de
mort, c'est-à-dire un peu moins de 1 p. 100 ; que 40 de ces
dernières condamnations, presque les trois quarts, avaient
été commuées, et que de 1846 à 1862, en dix-sept ans, il n'y
avait eu que 3 exécutions : et, devant ces faits qui tendaient
à prouver que l'exagération même de la peine provoque une
répression insuffisante, il exprimait le regret que la loi de
1863 n'eût pas fait descendre l'infanticide du rang que le
législateur lui avait assigné à côté de l'assassinat, du parricide et de l'empoisonnement, pour lui rendre celui que lui
avait assigné auparavant le Code de 1791, en le considérant
comme un simple homicide, que pouvait toutefois aggraver
une préméditation spécialement reconnue ([1]). En 1900, tous
les criminalistes étaient d'accord pour demander que l'infanticide, commis par la mère sur son enfant illégitime, sans
préméditation, fût puni d'une peine inférieure à celle qui
frappait l'homicide volontaire ([2]). Certains s'arrêtaient à cette
réforme ; mais d'autres, et c'étaient le plus grand nombre, pen-
saient aussi que l'infanticide commis par la mère sur son
enfant illégitime, au moment de sa naissance ou immédiatement après, ne méritait pas la peine de mort, même eût-il
été prémédité avant l'accouchement : dans le premier cas,
l'infanticide ne pouvait être puni comme le meurtre ; dans
le second cas, il ne pouvait être assimilé à l'assassinat. Ainsi,
détacher l'infanticide du droit commun des homicides volontaires, lorsqu'il est commis par la mère illégitime, pour en

([1]) Voir *Gazette des Tribunaux* du 19 février 1864.
([2]) Voir Garraud, IV, p. 555.

faire un crime *sui generis,* moins grave, telle était la première réforme unanimement demandée. Les principales
législations de l'Europe pouvaient d'ailleurs êtres prises
pour modèles, car elles avaient adopté ce système, avec plus
ou moins de modifications. « On pourrait ensuite, disait
M. Garraud, ne pas consacrer à l'infanticide de dispositions
particulières et l'assimiler au meurtre ou à l'assassinat
dans tout autre cas, suivant qu'il aurait été ou non prémédité » (¹).

Une réforme législative s'imposait; elle fut tentée par la
loi du **21** novembre **1901** à laquelle nos législateurs travail-
laient depuis cinq ans et que nous allons maintenant étudier,
après en avoir fait un historique rapide.

(¹) Voir Garraud, IV, p. 555 et 556.

DEUXIÉME PARTIE

La loi du 21 novembre 1901.

CHAPITRE V

HISTORIQUE DE LA LOI

Le 15 janvier 1897, M. Félix Martin, sénateur, déposait sur les bureaux du Sénat une proposition de loi portant modification de l'art. 302 du Code pénal et ayant pour objet un abaissement de pénalité quant à la mère infanticide. Elle était ainsi conçue :

Article unique : L'art. 302 du Code pénal est complété comme suit : « Toutefois, si l'auteur de l'infanticide est la mère et s'il n'y a pas eu préméditation, la peine sera celle des travaux forcés à perpétuité.

« Si l'auteur de l'infanticide est la mère et si le jury déclare qu'elle a agi sous l'influence d'un état mental troublé par la grossesse ou l'accouchement, la peine sera d'un an à cinq ans d'emprisonnement » (¹).

Dans son exposé des motifs, l'honorable sénateur invoquait, pour justifier cet abaissement de peine, à la fois l'état mor-

---

(¹) *J. Off.*, *Doc. parl.*, mai 1897, p. 1.

bide de la mère, légitime ou naturelle, lors de l'accouchement, état qui atténue sa responsabilité et la crainte du
déshonneur pour les filles-mères; et, s'expliquant sur la
répression de l'infanticide et sur la portée générale de la
proposition qu'il priait le Sénat de vouloir bien prendre en
considération, il disait : « Le nombre des infanticides aug-
mente et la moyenne des condamnations diminue; dans
plusieurs départements même, les jurés acquittent de parti
pris toutes les filles-mères accusées de ce crime révoltant.
Qu'ils puissent, dans une certaine mesure, invoquer comme
excuse de leur regrettable indulgence la pénalité excessive
de l'art. 302 du Code pénal que les magistrats, malgré les
circonstances les plus atténuantes, ne peuvent jamais descendre au-dessous de cinq ans de travaux forcés, on doit en
convenir; mais cette pratique, qui tend à effacer des consciences l'horreur du crime et la crainte du châtiment, n'en
demeure pas moins à bon droit inquiétante. Si la sévérité du
législateur de 1810, qui, comme le prédisaient Treilhard et
Berlier, appelle inévitablement l'indulgence exagérée des
jurys, est en grande partie la cause du mal, le remède est
tout indiqué. Il faut revenir à la législation plus humaine et
plus sage de 1791, et surtout cesser, comme le demandent
tous les criminalistes, d'assimiler l'infanticide non prémédité
à l'assassinat » (¹).

Voilà donc nettement précisé par son auteur lui-même
l'objet de cette proposition : faire rentrer l'infanticide dans
le droit commun du meurtre et de l'assassinat pour tout coupable; abaisser la pénalité, quant à la mère, afin de mettre
un terme à l'impuissance avouée du Code de 1810. Ce texte
initial, après avoir été plusieurs fois refondu et remanié par

(¹) *J. Off.*, *Doc. parl.*, mai 1897, p. 1.

la commission du Sénat, devait devenir la loi du 21 novembre 1901. Il la contenait en germe. Aussi allons-nous en suivre la pénible évolution à travers les cinq années d'ardentes discussions qui s'ouvrirent à son sujet devant le Sénat.

M. Leporché fit, au nom de la première commission d'initiative parlementaire, un rapport sommaire (¹) sur cette proposition : il la critiquait avec sagesse et modération, se demandant si, quant au premier paragraphe, le minimum de cinq ans de réclusion, auquel on pourrait descendre grâce aux circonstances atténuantes, devait paraître suffisant aux jurés et si, quant au deuxième paragraphe, la seule conséquence logique du trouble mental ne devait pas être plutôt la disparition complète de la responsabilité. Sous ces réserves, il concluait, au nom de la première commission, à la prise en considération de cette proposition et le Sénat se rangeait à son avis et sans discussion le 15 juin 1897 (²).

Le 7 février 1899, M. Félix Martin, nommé rapporteur de la Commission d'examen, donnait lecture au Sénat d'une nouvelle proposition de loi, fruit de ses dernières études sur la question et du projet de la Commission. Dans ces deux textes, l'art. 302 n'était plus que légèrement modifié, car on y supprimait simplement le mot « infanticide » ; mais l'art. 300 était profondément remanié et d'une manière différente dans les deux cas. Voici d'ailleurs ces textes :

Proposition de loi de M. Félix Martin. — Art. 300 : Est qualifié infanticide l'homicide commis volontairement, au moment de la naissance, par une mère sur son enfant ; il est, suivant les circonstances, puni comme meurtre ou comme assassinat.

« Si le jury admet les circonstances atténuantes, il pourra

(¹) *J. Off., Doc. parl.*, janvier 1898, p. 354.
(²) *J. Off.* du 16, *Déb. parl.*, p. 1002.

en outre déclarer qu'il existe des circonstances très atténuantes. Dans ce cas, la mère coupable et ceux des co-auteurs ou complices de son crime qui auront bénéficié des circonstances très atténuantes seront punis de deux ans à cinq ans d'emprisonnement ».

Art. 302. — Texte ancien moins le mot « infanticide ».

Projet de la Commission. — Art. 300 : Est qualifié infanticide l'homicide commis volontairement sur un enfant au moment de la naissance. Il est, suivant les circonstances, puni comme meurtre ou comme assassinat.

Si l'auteur de l'infanticide est la mère et si le jury a déclaré en sa faveur des circonstances atténuantes, les peines prononcées par la loi seront modifiées comme suit :

Si la peine prononcée par la loi est la mort, la Cour appliquera la peine des travaux forcés à temps ou celle de la réclusion.

Si la peine est celle des travaux forcés à perpétuité, la Cour appliquera la peine de la réclusion ou celle de l'emprisonnement, sans toutefois pouvoir réduire la durée de l'emprisonnement au-dessous de deux ans [1].

Art. 302. — Ancien texte moins le mot « infanticide ».

On le voit, ces deux textes se rapprochaient en ce qu'ils faisaient rentrer l'un et l'autre l'infanticide dans le droit commun du meurtre et de l'assassinat et en ce qu'ils consacraient le même minimum de peine. Mais ils différaient sur bien des points : en effet, la commission n'avait pas jugé utile de changer l'acception du terme « infanticide », et de qualifier ainsi uniquement le crime commis par la mère ; elle n'avait vu aucune raison d'adoucir la peine quand le coupable serait un étranger, et cela conformément à l'exposé des

[1] Voir pour ces deux textes ainsi que pour rapport de M. Martin, *J. off.*, Sénat, *Doc.*, 1899, annexe n° 35.

motifs ; enfin, quoiqu'en majorité favorable au système des circonstances très atténuantes, proposé par M. Martin, elle avait résolu, pour ne pas créer de précédent fâcheux, de ne pas l'introduire dans notre Code pénal en faveur d'un crime particulier et avait décidé que, dans le cas où l'auteur de l'infanticide serait la mère, l'admission des circonstances atténuantes aurait pour effet de faire descendre la peine de deux degrés, avec faculté pour la Cour d'abaisser d'un troisième degré.

La Commission modifia d'ailleurs son texte avant la première délibération et rédigea le second paragraphe de l'art. 300 de la façon suivante : « Si l'auteur de l'infanticide est la mère, il est puni comme meurtre aux termes du dernier alinéa de l'art. 504 ; dans le cas de circonstances aggravantes visées par les art. 256, 296, 297, 302, 303 et 304, la peine sera celle de l'assassinat ». C'est sur l'art. 300 ainsi modifié que s'ouvrit la discussion à la séance du 27 mars 1899 (¹). MM. les sénateurs Aucoin et Savary prirent alternativement la parole et combattirent dans cette première délibération le projet de la Commission. Ils s'attaquèrent très vivement au nouveau terme du projet « au moment de la naissance » : « Pourquoi, disaient-ils, abandonner le mot « nouveau-né » sur lequel la jurisprudence est aujourd'hui fixée pour le remplacer par ceux de « au moment de la naissance » aussi vagues et délicats et pour lesquels on serait obligé de bâtir une jurisprudence nouvelle ? » Plus spécialement, M. Savary s'attacha à démontrer que, le système des circonstances atténuantes de l'art. 463 permettant d'apprécier les espèces et de proportionner le châtiment à la criminalité de l'acte, c'était faire œuvre mauvaise que d'établir en prin-

(¹) V. J. off., Sénat, Débats, 1899, p. 344.

cipe une peine moins sévère pour la mère ; que, de plus,
pour ce qui était de l'art. 302, la peine de mort étant d'une
façon générale inscrite dans le Code, il n'y avait pas de raison pour ne pas le maintenir contre l'infanticide, ne dût-elle
trouver son application que dans des cas infiniment rares
mais toujours possibles ('). Et il présentait au Sénat un contre-projet qui était la consécration de ces idées et était ainsi
conçu :

Art. 302. — Le mot infanticide est supprimé et l'article
complété par la disposition suivante : « L'infanticide commis
avec préméditation sera puni de mort. L'infanticide commis
sans préméditation sera puni des travaux forcés à temps ».

Ainsi, M. Savary introduisait une distinction d'après les
circonstances qui ont accompagné le crime : il maintenait la
peine de mort pour le crime d'infanticide commis avec préméditation, — crime dans ce cas inexcusable —; mais, lorsqu'il n'y avait pas préméditation, il punissait des travaux
forcés à temps. « Je crois, disait-il pour la défense de son
texte, que l'on peut arriver au résultat que poursuit la commission en abaissant d'un degré la peine principale lorsqu'il
s'agit d'un infanticide non prémédité ».

M. Aucoin avait auparavant reproché au texte du projet
de ne pas dire d'une manière formelle que la circonstance
aggravante devrait désormais faire prononcer la peine de
mort ; surtout de maintenir l'application de la peine capitale
à l'infanticide prémédité quand, dans la plupart des affaires
de ce genre, disait-il avec raison, le ministère public s'ingé-

('). Ces critiques de M. Savary ne portaient pas puisque, par suite de la modification dont il avait été l'objet avant la première délibération, le § 2 de
l'art. 300 du projet de la commission punissait désormais le meurtre de l'enfant
nouveau-né des travaux forcés à perpétuité et le meurtre accompagné de certaines circonstances aggravantes limitativement déterminées de la peine de l'assassinat, c'est-à-dire de la peine de mort.

nie à trouver la préméditation, qui en fait se rencontre
rarement, dans certains faits qui précèdent presque nécessairement le crime, tels que recel de grossesse, isolement au
moment de l'accouchement : « Vous faites aux jurés, disait-
» il, la même situation qu'ils ont aujourd'hui, vous les mettez
» en face d'une peine toujours aussi grave, qui les détermi-
» nera à rendre les mêmes décisions que vous déplorez ».

Convenons qu'en effet le projet de la commission était
plein d'imperfections et ne s'harmonisait nullement avec le
but à atteindre. A notre avis, le système de M. Aucoin, quoiqu'encore défectueux, offrait la solution la plus simple :
conservant l'ancienne définition de l'art. 300, il supprimait
de l'art. 302 le mot « infanticide » et ajoutait à la fin de
l'art. 304 le paragraphe suivant : « Le coupable d'infanticide
sera puni des travaux forcés à temps ». Ce contre-projet ne
considérait donc plus quel était l'auteur du crime, il punissait l'infanticide, quel qu'en fût l'auteur (fût-ce la mère, fût-
ce une personne étrangère à l'enfant), de la peine des travaux
forcés à temps. Cette rédaction présentait l'inconvénient
d'accorder même à un assassin étranger l'indulgence demandée dans le seul intérêt de la fille-mère.

Ce contre-projet fut, ainsi que celui de M. Savary, l'objet
de critiques sérieuses de la part du rapporteur M. Martin, à
la séance du 12 juin 1899 ([1]). Au nom de la commission, il
se déclara toujours partisan de la nouvelle expression « au
moment de la naissance » et lut un nouveau texte qui la con-
sacrait, et dont la rédaction était de beaucoup supérieure à
l'ancienne : la commission avait été fortement impressionnée
par l'argumentation serrée de MM. Aucoin et Savary, et
s'était empressée de déférer dans une certaine mesure à leurs

---

([1]) Voir *J. off.*, Sénat, *Débats*, 1899, p. 733.

justes remarques, notamment quant à l'abaissement de la
pénalité. Ce texte était ainsi conçu :

Article unique. — Art. **300** (nouvelle rédaction de la commission). « Est qualifié infanticide le meurtre commis sur un
enfant au moment de sa naissance.

» L'infanticide commis avec préméditation ou avec l'une
des circonstances aggravantes prévues par les art. 303 et
304, est puni de mort.

» En tout autre cas, l'infanticide emportera la peine des
travaux forcés à perpétuité, ou, si l'auteur est la mère, la
peine des travaux forcés à temps ».

Art. **302**. — Texte actuel moins le mot « infanticide ».

On le voit, ce texte abaissait la pénalité quant à la mère,
d'une façon satisfaisante puisque, grâce au jeu des circonstances atténuantes, elle pouvait atteindre un minimum de deux
années d'emprisonnement et il ne commettait pas la faute de
faire bénéficier de cette large et nouvelle réduction de peine
les autres coupables d'infanticide. Un dernier pas restait à
faire : supprimer la peine de mort dans le cas d'infanticide
commis par la mère, même avec préméditation.

Le rapporteur, M. Martin, fit à ce nouveau texte et en son
nom personnel un amendement qui, dans son esprit, avait
pour but de mettre sous les yeux du Sénat toutes les solutions
proposées jusque là par les criminalistes, ou celles figurant
déjà dans les législations étrangères. Le voici :

« Art. **300**. — Est qualifié d'infanticide, le crime commis
par la mère qui donne volontairement la mort à son enfant
(ou à son enfant illégitime), au moment où il vient de naître.

» L'infanticide commis avec préméditation ou barbarie
sera puni de mort.

» En tout autre cas, il emportera la peine des travaux forcés à temps ».

Tandis que le texte de la commission conservait l'ancienne définition du Code, sauf l'expression « au moment de la naissance », l'amendement faisait de l'infanticide exclusivement « le crime commis par une mère sur son enfant au moment où il vient de naître »; bien plus, se basant sur ce fait que 90 fois sur 100 ce crime est perpétré par la mère naturelle, son auteur, sans la préconiser, signalait au Sénat l'adjonction possible du mot « illégitime » au mot « enfant ». Tout en faisant remarquer que la définition de la commission était encore bien incomplète, nous nous permettons de dire, sauf à l'expliquer plus tard, qu'il eût été très heureux de voir le Sénat s'inspirer des législations européennes et consacrer la définition que M. Martin se contentait de lui signaler. A la séance du 3 juillet suivant ([1]), nous voyons bien M. Aucoin critiquer cette distinction entre l'enfant légitime et l'enfant illégitime et reprocher avec une pointe d'ironie au rapporteur, d'avoir voulu en cela imiter trop servilement les quatorze Etats d'Europe qui l'avaient inscrite dans leurs codes; nous persistons à dire cependant qu'il eût été bon de l'adopter. L'honorable sénateur combattit avec beaucoup plus de raison, à notre avis, les mots « avec barbarie » du même amendement; il ne voit pas, pour sa part, quel sera le moyen employé pour commettre l'infanticide qui pourra être considéré comme barbare, les actes de prétendue cruauté de la part de la mère ne consistant presque toujours qu'en une mutilation de cadavre ayant pour seul but de faire disparaître les traces du crime; l'art. 303 n'est donc pas applicable à l'infanticide et les mots « avec barbarie » sont au moins inutiles. Pour terminer, M. Aucoin défendit son contre-projet.

A la séance du 26 juin 1900 ([2]), le rapporteur M. Martin,

([1]) *J. off.*, Sénat, *Débats*, 1899, p. 818.
([2]) *J. off.*, Sénat, *Débats*, 1900, p. 670 à 675.

après avoir fait aux contre-projets Aucoin et Savary les objections déjà dites, présenta au nom de la commission un nouveau texte dont l'adoption par le Sénat devait clore la première délibération. Le voici :

« Article unique. — Les art. 300, 302 et 304 du Code pénal sont modifiés comme suit :

» Art. 300. — Est qualifié infanticide, le meurtre d'un enfant nouveau-né par la mère.

» Art. 302. — Le mot infanticide est supprimé.

» Art. 304. — Est ajoutée la disposition suivante :

» Toutefois l'infanticide emportera la peine des travaux forcés à temps, et en cas de préméditation, celle des travaux forcés à perpétuité ».

La pénalité du Code était ainsi abaissée d'un degré pour l'infanticide prémédité, de deux degrés pour l'infanticide non prémédité et, comparées à celles du droit commun, ces peines leur étaient inférieures d'un degré dans tous les cas ; ce point était satisfaisant puisque le minimum de deux années d'emprisonnement pouvait être atteint. L'art. 300 était lui aussi rédigé d'une façon assez heureuse : la définition qu'il donnait de l'infanticide avait le défaut de ne pas lui appliquer en principe la distinction commune du meurtre et de l'assassinat, ce qui était un vice théorique ; mais l'adjonction des mots « par sa mère » avait le sérieux avantage de donner à la notion d'infanticide la signification si simple, si précise et si profondément vraie qu'il comporte vulgairement. En somme, ce texte méritait certainement de rallier les suffrages du Sénat. C'est pourquoi, après une réplique de MM. Aucoin et Savary, le premier déclarant qu'il retirait momentanément son contre-projet, le second maintenant le sien et reprochant au projet de la Commission de ne pas prévoir le cas de complicité de la mère et par suite de ne pas le

faire bénéficier de l'abaissement de peine, M. le garde des
sceaux Monis monta à la tribune pour déclarer qu'il acceptait ces dernières dispositions. Il avait d'ailleurs, auparavant,
tenu à démontrer que, d'une part, le système de M. Savary
ne présentait en principe qu'un faible intérêt, puisque le
crime d'infanticide est le plus souvent prémédité; que, d'autre part, le système proposé par M. Aucoin, en distinguant
pour l'application de la peine, le complice du co-auteur de la
femme, soulèverait des difficultés de droit considérables, les
jurisconsultes ayant parfois, en cette matière, quelque peine
à faire cette distinction; qu'enfin, pratiquement, si l'on voit
la mère accusée d'infanticide avec des complices, on trouve
bien rarement à côté d'elle des co-auteurs de son crime. Le
Sénat repoussa le contre-projet Savary et vota le texte proposé par la Commission et le Gouvernement.

Les mêmes thèses, les mêmes critiques furent reprises,
devant le Sénat, en deuxième délibération. M. Aucoin ([1])
reprit son contre-projet et le défendit dans les mêmes termes
après avoir combattu le projet de la Commission adopté en
première délibération. Il reprochait à la nouvelle définition
de la Commission de faire de l'infanticide le crime commis
sur un enfant nouveau-né uniquement par sa mère; c'est,
disait-il, porter une atteinte grave à deux principes généraux
reconnus, proclamés dans notre Code pénal, à savoir que les
co-auteurs doivent être punis de la même peine, à moins de
circonstances particulières, et que le complice doit être puni
comme l'auteur principal; cette objection avait une certaine
valeur théorique mais se heurtait à la toute puissance du
législateur, dont le but était d'abaisser la peine quant à la
mère seule et qui pouvait incontestablement créer une excuse

([1]) *J. off.*, Sénat, *Débats*, 1900, p. 733.

à son seul profit sans méconnaître les principes fondamentaux de notre loi pénale. Seulement, et c'est ici que l'argument de M. Aucoin reprenait toute sa force, le projet commettait la faute de ne pas prévoir le cas de complicité de la mère et arrivait à ce résultat vraiment irrationnel et injuste que la mère qui aurait tué son enfant encourrait désormais une peine moindre que si elle était complice de l'infanticide commis par une personne étrangère. C'était une lacune sérieuse; aussi, à la séance du 6 juillet 1900 ([1]), M. le garde des sceaux Monis, après avoir appuyé la demande de renvoi à la Commission du contre-projet Aucoin faite par M. de Casabianca, proposa-t-il l'adjonction à l'art. 304 d'un cinquième paragraphe ainsi conçu : « Toutefois, la mère, auteur principal ou *complice* du meurtre de son enfant nouveau-né, sera punie de la peine des travaux forcés à temps et, en cas de préméditation, de la peine des travanx forcés à perpétuité ». Il concluait en proposant à la Commission d'accepter le renvoi de son projet à charge de présenter au Sénat une rédaction consacrant une réforme unanimement demandée, sans faire bénéficier de l'abaissement de la peine des personnes indignes de pitié (contrairement au contre-projet Aucoin), et en créant une répression à deux degrés, laissant toute latitude au jury de mesurer sa sévérité à la gravité de la faute. M. Martin accepta le renvoi, le Sénat le vota, et à la séance du 27 novembre suivant ([2]), la Commission soumettait au Sénat le texte suivant :

Art. 300. — Est abrogé.

Art. 302. — Le mot « infanticide » est supprimé.

Art. 304. Est ajoutée la disposition suivante :

« Toutefois, la mère, auteur principal ou complice du

([1]) *J. off.*, Sénat, *Débals*, 1900, p. 764.
([2]) *J. off.*, Sénat, *Débats*, 1900, p. 885.

» meurtre de son enfant nouveau-né, sera punie des travaux
» forcés à temps et, en cas de préméditation, des travaux
» forcés à perpétuité ; mais cette disposition ne s'appliquera
» pas aux co-auteurs ni aux complices ».

Ce nouveau texte fut l'objet d'une très juste critique de la
part de M. Aucoin : vous supprimez, disait-il, l'art. 300 et la
définition qu'il donnait de l'infanticide ; vous enlevez à l'art.
302 le mot « infanticide » ; résultat : il n'y a plus d'infanticide
dans le Code pénal, car il ne peut y avoir un crime particulier sans qu'il soit défini. C'était un vice théorique, mais les
conséquences, désastreuses d'après lui, que M. Aucoin en
tirait au point de vue pratique de l'application des peines,
étaient certainement fausses ; et le but que poursuivait le
législateur était certainement atteint grâce au nouveau paragraphe de l'art. 304 permettant d'arriver à un minimum de deux
années d'emprisonnement par l'admission des circonstances
atténuantes. Cependant, cette lacune méritait d'être comblée ;
aussi, M. le Garde des sceaux déclara-t-il qu'il acceptait le
maintien de l'art. 300 et la commission, revenant sur sa décision, renonça-t-elle aussi à en demander l'abrogation. Le
contre-projet de M. Aucoin venait d'être repoussé, le Sénat
allait voter sur le texte proposé par la commission et la discussion présentait une certaine confusion quand, dans un
but de simplification et pour maintenir une répression en
rapport avec la gravité du crime d'infanticide, M. le sénateur Bérenger présenta un contre-projet se bornant à modifier le texte unique de l'art. 463 et ainsi conçu : « En matière
d'infanticide, la peine, en ce qui touche la mère, *peut être*
abaissée à l'emprisonnement, jusqu'à un minimum de deux
ans ». Qu'est-ce, en effet, disait-il, qui se trouve en contradiction avec le but que nous poursuivons ? C'est cet art. 463
qui ne permet d'abaisser la peine que de deux degrés au

maximum. Eh bien, c'est par une modification à cet article qu'il faut aboutir sans aller jeter le trouble dans les autres dispositions du Code pénal.

Pris en considération et renvoyé à la commission, ce contre-projet ne devait pas changer l'orientation générale de la réforme en cours, car, en ne modifiant ni l'art. 300, ni l'art. 302, il commettait la faute de laisser de côté la notion de préméditation. Les circonstances atténuantes étant admises dans le cas de meurtre, même non prémédité d'un enfant nouveau-né, le jury ne devait-il pas en effet se méfier, à juste titre, avec ce système, des bonnes intentions de la Cour, pouvant seulement, ayant la seule faculté de descendre jusqu'à l'emprisonnement, mais devant, pour cela franchir quatre degrés de pénalité, la peine de mort restant édictée en la matière? Le même sort était réservé à un nouveau contre-projet présenté devant la commission par M. Aucoin et ainsi conçu : « Paragraphe additionnel au premier paragraphe de l'art. 463 du Code pénal : « Toutefois, en matière d'infanti-
» cide, si le jury a déclaré qu'il existe des circonstances très
» atténuantes en faveur de celui ou de ceux des accusés
» reconnus coupables, la Cour appliquera la peine de la réclu-
» sion ou les dispositions de l'art 401 sans toutefois pouvoir
» réduire la durée de l'emprisonnement au-dessous de deux
» ans ». A la séance (¹) du 1ᵉʳ mars 1901, dans son rapport supplémentaire, M. Félix Martin déclara, au nom de la Commission, qu'il était impossible de prendre ce sous-amendement en considération : on ne peut établir, disait-il, le système des circonstances très atténuantes pour un cas particulier et, quant à le généraliser, il n'y faut pas songer, le Sénat s'y étant refusé il y a peu d'années, conformément

---

(¹) *J. Off.*, Sénat, *Documents*, 1901, p. 204.

d'ailleurs à l'avis des cours d'appel et de la Cour de cassation. Il concluait également au rejet du contre-projet Bérenger pour les raisons exposées plus haut et, pour terminer, présentait au Sénat un nouveau texte qui devait devenir la loi de 1901 : l'addition, primitivement faite à l'art. 304 sur la proposition de M. le Garde des sceaux, y était transportée à l'article 302 et les légères modifications de forme qui y étaient apportées n'étaient, l'esprit restant le même, que la conséquence de la nouvelle définition que l'article 300 donnait de l'infanticide ; il fallait faire cadrer les deux articles. Enfin, on rayait le mot « infanticide » du premier paragraphe de l'art. 302.

Le 3 juillet 1901 ([1]), après le retrait par leurs auteurs du contre-projet Bérenger et du sous-amendement Aucoin, le Sénat votait ce dernier texte. La chambre des députés, à la suite du rapport de M. Escanyé ([2]) concluant, au nom de la commission de législation criminelle, à l'adoption de la proposition déjà sanctionnée par le Sénat, déclara l'urgence et vota, le 18 novembre 1901 ([3]), sans y apporter aucune modification et sans discussion, le texte actuel que nous allons maintenant étudier.

([1]) *J. Off.*, Sénat, *Débats*, 1901, p. 1166.
([2]) *J. Off.*, Chambre, *Doc.*, 1901, p. 59, annexe n. 2735.
([3]) *J. Off.*, Chambre, *Débats*, 1901, p. 2221.

CHAPITRE VI

CARACTÈRES GÉNÉRAUX ET ÉLÉMENTS CONSTITUTIFS DE L'INFANTICIDE DEPUIS LA LOI NOUVELLE

Ce texte est le suivant :

Article unique. — Les articles 300 et 302 du Code pénal sont modifiés comme suit :

Art. 300. — L'infanticide est le meurtre ou l'assassinat d'un enfant nouveau-né.

Art. 302. — Tout coupable d'assassinat, de parricide ou d'empoisonnement sera puni de mort, sans préjudice de la disposition particulière contenue en l'art. 13, relativement au parricide.

« Toutefois, la mère, auteur principal ou complice de l'assassinat ou du meurtre de son enfant nouveau-né, sera punie, dans le premier cas, des travaux forcés à perpétuité, et dans le second, des travaux forcés à temps, mais sans que cette disposition puisse s'appliquer à ses co auteurs ou à ses complices ».

La définition de l'infanticide est changée : la préméditation, dont l'ancien art. 300 ne tenait aucun compte, devient une des bases fondamentales du nouveau système. Cette innovation est heureuse, croyons-nous, tant au point de vue théorique qu'au point de vue pratique. Au point de vue théorique d'abord, car la préméditation servant de pivot à toute la théorie du meurtre et de l'assassinat, elle doit entrer, en principe, comme élément essentiel dans la conception de tout crime, même spécialisé par le Code. Il y a bien un crime, le parricide, que le Code pénal a voulu définir abstraction faite de toute idée de préméditation ; mais ici la dérogation au principe est légitime et se justifie par la criminalité de l'acte, par la méconnaissance de tous les sentiments de piété filiale, par le lien direct de parenté qui unit le meurtrier à la victime : toutes circonstances que l'on ne retrouve pas dans l'infanticide, puisque, par définition, sous le Code de 1810 comme depuis la loi de 1901, ce crime peut être commis sur un enfant nouveau-né par toute personne. Il n'y avait donc aucune raison, en droit, de concevoir et de définir l'infanticide sans tenir compte de la préméditation, aucun motif de renforcer, en la méconnaissant, la gravité de ce crime : c'était antijuridique. Bien plus, l'hypothèse de l'infanticide commis par un étranger mise à part, quand on se trouve en face d'une mère coupable, — ce qui est de beaucoup le cas le plus fréquent, nous l'avons vu, 90 fois sur 100, — le lien de parenté s'efface dans l'esprit devant des considérations d'ordre moral et physiologique tellement capitales et tellement atténuantes de la criminalité de la mère, que c'est justement là une raison de plus pour inscrire la préméditation dans la loi et permettre au jury de la rechercher dans le fait.

C'était encore une bonne réforme au point de vue pratique. En supposant, en effet, qu'un étranger a commis l'infanticide, il est facile d'imaginer des cas exceptionnels, à la vérité, mais possibles, où la préméditation n'existera pas : voici, par exemple, un individu qui, étant parti pour un long voyage ignorant la grossesse de sa maîtresse, pénètre par hasard, à son retour, dans la chambre de celle-ci, au moment où elle accouche ; furieux devant cette preuve vivante de leurs relations illicites, il ne songe qu'à la détruire et tue l'enfant ;

voici encore un père qui ignore la grossesse de sa fille non
mariée : il survient pendant son accouchement et, désespéré
de sa faute, tue son petit-fils. Bien évidemment dans ces deux
cas, la préméditation fait défaut et il serait très aisé de mul-
tiplier les exemples. Certains doutent que la réforme soit
aussi bonne dans l'hypothèse de la mère coupable. Nous ne
sommes pas de cet avis, car notre conviction intime est que
la presque totalité des infanticides commis par la mère ne
sont pas prémédités et, quand nous émettons cette opinion,
nous pensons uniquement aux filles séduites, les seules vraiment intéressantes, et non à celles qui ont pour métier de
séduire ; il est bien certain, en effet, qu'à l'égard de ces dernières, étant donné leur immoralité, leur dégoût, leur haine
même de la maternité, le crime est, sauf quelques cas infiniment rares, prémédité. Mais la fille séduite qui a commis
une faute, qu'a-t-elle fait ordinairement avant de consommer
son crime ? Elle n'a pas voulu reconnaître sa grossesse et a
essayé de la dissimuler quand elle a vu qu'elle se révélait à
tous les yeux ; elle n'a pas consulté de médecin sur son état,
et n'a pas fait de préparatifs pour recevoir son enfant ; enfin,
quand les douleurs de l'enfantement sont arrivées, elle n'a
pas appelé au secours et, affolée par les cris du nouveau-né,
elle les a étouffés pour qu'on ne sût pas qu'elle mettait un
enfant au monde. Or, dit toujours l'organe du ministère
public après l'acte d'accusation, ces faits ne révèlent-ils pas
la préméditation ? Erreur ou cruauté, répondons-nous : non,
bien certainement, ces faits n'entraînent pas forcément la
préméditation et n'est-il pas plus juste et plus conforme à
l'idée moderne de la répression de supposer en premier lieu
que cette mère a pu reculer l'aveu de sa faute sans avoir,
dès avant, formé le dessein de donner la mort à son enfant ?
Tant de motifs sont là pour lui dire d'attendre ! Et d'ailleurs,

si sa résolution était depuis longtemps prise, n'avait-elle pas sous sa main un moyen plus sûr : l'avortement ? Notre opinion est donc qu'en introduisant la préméditation dans la conception légale de l'infanticide, le législateur a voulu indiquer à la justice qu'il y a des crimes de ce genre non prémédités. C'est juridique et vrai.

A part cette importante modification, les éléments essentiels de l'infanticide sont les mêmes qu'autrefois, c'est-à-dire :

1° Un homicide ;

2° L'intention de donner la mort ;

3° La circonstance spéciale que la victime est un enfant nouveau-né.

Avant d'aborder l'étude de ces éléments et de traiter les questions qui s'y rattachent, il importe de délimiter le domaine de l'infanticide en fixant celui de deux infractions voisines qui s'en rapprochent par plus d'une analogie et avec lesquelles on pourrait être tenté de le confondre : nous voulons parler du crime de suppression d'enfant et du crime d'avortement.

Il ne s'agit pas ici, bien entendu, du délit de suppression d'enfant tel qu'il a été prévu et puni dans deux nouveaux alinéas ajoutés à l'art. 345 par la loi du 13 mai 1863 : nous verrons plus loin leur importance quant à la correctionnalisation de l'infanticide par les parquets et sous le chapitre des qualifications subsidiaires. Adoptant l'opinion de M. Garraud (¹) et une jurisprudence de la Cour de cassation (²), d'après lesquelles l'ancien paragraphe premier de l'art. 345 punit en réalité, depuis la loi de 1863, deux faits distincts : 1° le crime de suppression de la *personne*

(¹) V. tome V, p. 219.

(²) V. Cass., 4 déc. 1879 (S., 81. 1. 89) et surtout 2 sep. 1880 (S., 81. 1. 89).

d'un enfant ayant eu vie; 2° le crime de suppression *d'état*
d'un enfant ayant vécu; nous ne nous occuperons que du
premier crime et, pour le distinguer de l'infanticide, nous
donnerons d'abord sa définition : Le crime de suppression
d'enfant est l'action de faire clandestinement disparaître,
sans le faire périr, un enfant, dans l'intention de dissimuler
sa naissance ou de le faire passer pour mort, sans que le but
poursuivi ait été la suppression de son état civil. L'infanticide
étant le meurtre ou l'assassinat d'un enfant nouveau-né, il est
inutile d'insister et nous passons aux éléments constitutifs :
L'infanticide consiste essentiellement dans un homicide, son
but est de faire périr l'enfant et l'accusation doit démontrer
l'animus necandi chez le coupable ; dans la suppression
d'enfant, point d'homicide, point *d'animus necandi,* seul but :
dissimuler la naissance de l'enfant par l'un des moyens indiqués par le § 1er de l'art. 345. De plus, si l'art. 300 parle de
« nouveau-né », il n'en est pas question dans l'art. 345, qui,
d'après un interprète, protège l'enfant « trop jeune pour
veiller sur sa situation dans la famille et la société » et même,
d'après la jurisprudence française, « l'enfant, au-dessous de
sept ans accomplis ». Enfin, le crime de suppression d'enfant
est puni de la réclusion, l'infanticide de la mort, des travaux
forcés à perpétuité et à temps. Au point de vue pénal, ces
deux crimes diffèrent donc essentiellement. Ils ont cependant un point commun qui en fait deux infractions voisines :
ils sont les deux temps d'un même geste coupable, celui
qui consiste à anéantir la personne de l'enfant. S'il n'est
donc pas possible de les confondre dans une qualification
alternative, rien de plus naturel et de plus fréquent que de
les voir tous deux déférés cumulativement à la Cour d'assises. Ils se suivent et se complètent, sans se confondre.
Ajoutons même, pour terminer, que, depuis la loi de 1863,

le crime de suppression d'enfant n'étant plus forcément, à notre avis, un attentat contre l'état civil de l'enfant (¹), il est certainement possible de voir ces deux infractions jouer l'une vis-à-vis de l'autre le rôle de préventions subsidiaires : la suppression d'enfant n'est plus un fait nouveau, mais une simple modification du crime d'infanticide.

La notion juridique du crime d'avortement permet, d'un autre côté, de le différencier complètement de l'infanticide. Dans l'acception juridique du mot, l'avortement c'est l'expulsion prématurée, volontairement provoquée, du produit de la conception (²) et trois éléments sont nécessaires pour le constituer : 1° il faut qu'un fœtus ait été expulsé ou extrait du sein de la mère avant le terme de la naissance ; 2° que l'intention de produire l'avortement soit prouvée ; 3° que ce crime ait été accompli par l'emploi d'aliments, breuvages, médicaments, violences ou de tout autre moyen. Il n'y a donc pas ici non plus d'homicide ; il y a même un fait nouveau entièrement distinct de l'infanticide, car tandis que ce dernier crime a pour objet la personne d'un enfant vivant et nouveau-né, l'avortement ne s'applique qu'à l'enfant simplement conçu, au fœtus, à quelque époque que ce soit de la vie intra-utérine, c'est-à-dire en dehors de toute condition de vie (au sens ordinaire du mot), de forme régulière et d'âge. On comprend dès lors pourquoi, dans la série de ses dispositions protectrices de l'enfant depuis le premier jour de sa conception, la loi, dans l'art. 317, a cru devoir punir cette dernière infraction des travaux forcés à temps et de la réclusion, c'est-à-dire de peines inférieures à celles de l'infanticide : le mal social est ici moindre, car l'assassin n'a détruit que les chances favorables à la vie de l'enfant, l'immoralité

(¹) V. Cass., 9 avril 1874 (S., 74, 1. 288).
(²) Voir Garraud, *Traité de droit pénal français*, IV, p. 708 et suiv.

de l'acte est moindre aussi, puisque le coupable ne se trouvant pas en présence d'un être manifestement vivant, est moins arrêté dans l'accomplissement de son dessein. L'avortement diffère donc essentiellement de l'infanticide, au point de vue juridique, par sa nature, par son but et par le temps où il a pu être commis.

Quant à la distinction de ces deux crimes au point de vue médico-légal, nous ne pouvons mieux faire que de citer un passage remarquable de M. Tardieu sur la question ([1]) : « L'avortement, dit-il, n'est autre chose que l'expulsion prématurée et violemment provoquée du produit de la conception, indépendamment de toutes les circonstances d'âge, de vie et même de formation régulière ; tandis que l'infanticide est le meurtre de l'enfant nouveau-né sorti vivant du sein de sa mère. Il n'est pas nécessaire, pour constituer l'avortement, quoi qu'en aient dit Orfila et Devergie, de prouver que le fœtus était vivant et de le soumettre aux constatations et expériences qui sont capitales, au contraire, pour établir l'infanticide. Il ne faut pas oublier non plus que les deux ordres de faits sont tellement distincts qu'ils peuvent s'ajouter et se succéder l'un à l'autre, et que la justice a eu à poursuivre à la fois l'avortement et l'infanticide successifs commis sur un même fœtus, expulsé vivant par des manœuvres abortives, et mis à mort ensuite par un nouveau crime.

« Enfin, ce qui achève d'établir une séparation complète entre l'infanticide et l'avortement, c'est que, pour celui-ci, les poursuites et les expertises médico-légales peuvent se passer du corps du délit, c'est-à-dire avoir lieu et conduire à des résultats très positifs sans que le fœtus, prématurément et violemment expulsé, ait été retrouvé et examiné.

([1]) Voir Tardieu, *Etude sur l'infanticide*, 1868, chap. II, p. 21 et suiv.

Les circonstances du fait, les manœuvres abortives constatées sur les déclarations ou par l'inspection de la femme qui
a subi l'avortement, peuvent suffire et ont souvent suffi à
justifier une accusation. Rien de pareil pour l'infanticide. Là,
il est de toute impossibilité de constater le crime en l'absence
du corps du délit. Il s'agit de constater le meurtre d'un enfant
nouveau-né; comment le pourrait-on si l'on n'avait sous les
yeux le cadavre de cet enfant et si l'on n'établissait par l'examen direct qu'il est resté vivant et qu'il est mort de mort
violente? A tous les points de vue, il n'y a donc aucun rapprochement utile à faire en ce qui concerne l'étude et la
pratique médico-légale entre l'infanticide et l'avortement ».

Il résulte, nous l'avons vu, de la définition du nouvel
article 300, que la première condition de l'infanticide est un
homicide, c'est-à-dire la destruction d'une vie humaine. Ce
crime n'est donc constitué qu'autant qu'il est établi que l'enfant est né vivant ([1]), et c'est à l'accusation de prouver ce fait,
car elle doit prouver l'homicide, et elle ne ferait pas cette
preuve si auparavant elle ne constatait pas la vie. La doctrine
et la jurisprudence françaises admettent d'ailleurs d'une
manière très ferme la théorie d'un crime impossible, en matière
d'infanticide, et considèrent comme non punissable le meurtrier
qui a frappé un enfant déjà mort. Il est évident, en effet, qu'on
ne peut donner la mort qu'à un individu actuellement doué de
vie. Disons cependant en passant, que cette théorie est aujour-
d'hui vivement combattue à l'étranger ([2]); pleinement admise
autrefois dans certains pays tels que la Belgique, l'Italie,
l'Autriche, la Russie, elle paraît maintenant être un peu
abandonnée; plusieurs projets de codes pénaux récents

([1]) V. en ce sens Garraud, IV, n. 1604; Blanche, IV, n. 503; Chauveau et Hélie,
III, n. 1211.

([2]) V. Garçon, *Code pénal*, sous art. 2, p. 24.

Gauban   6

l'abandonnent. Mais c'est en Allemagne surtout qu'elle est
battue en brèche, depuis 1867, par des criminalistes éminents; la jurisprudence elle-même y a évolué et un arrêt
célèbre, rendu le 24 mai 1880, par le tribunal supérieur de
l'Empire, a jugé que celui qui frappe un enfant mort-né le
croyant vivant se rend responsable de tentative d'infanticide : c'est la consécration de la théorie d'après laquelle le
crime dit impossible constitue, dans tous les cas, une tentative punissable. Dans le cadre restreint de notre sujet, il
nous est impossible de pousser plus loin cette question de
philosophie pénale. Nous dirons donc que, devant nos tribunaux français, l'allégation que l'enfant était mort n'est pas
une excuse mais un moyen de défense au fond qui fait tom-
ber l'accusation; qu'il faut et suffit que la circonstance que
l'enfant a eu vie soit clairement indiquée dans la question de
culpabilité posée au jury; qu'enfin, c'est la difficulté d'acqué-
rir la preuve de la vie qui explique, pour une bonne part, la
quantité considérable d'acquittements et d'arrêts de non-lieu.
Il est incontestable, en effet, que les expertises médico-légales ont une importance toujours décisive dans les instructions
suivies sur une inculpation d'infanticide et que la question :
« L'enfant est-il né vivant? » est peut-être la plus délicate
qui puisse être posée à l'expert. C'est que la respiration est
le signe qui caractérise le plus nettement la vie et qu'en l'absence de ce signe il est très difficile de prouver que l'enfant
a vécu : « Il s'écoule souvent assez de temps entre l'accouchement et l'établissement de la respiration, dit Devergie [1],
pour que la mère puisse tuer son enfant, par exemple s'il
naît avec un engorgement des voies aériennes ou un engorgement des poumons, ou dans un état d'anémie causé par
une hémorrhagie... Sans doute, alors, il faut chercher dans

---

[1] V. *Dictionnaire de médecine et de chirurgie pratiques*, v° *Infanticide*.

les désordres matériels résultant des violences faites à l'enfant la preuve qu'il a eu vie; mais ce n'est qu'avec la plus grande circonspection qu'il faut puiser là cette preuve, et il est d'ailleurs bien rare qu'en pareil cas un magistrat poursuive une accusation ». Ainsi le défaut de respiration empêchera souvent les poursuites; mais alors on sera arrêté uniquement par une question de preuve, par la difficulté de constater que l'enfant a eu vie, et non parce qu'il est nécessaire que l'enfant ait respiré. Nous lisons en effet dans Tardieu [1] que, si un enfant qui a respiré a certainement vécu, la réciproque n'est pas toujours vraie et qu'un enfant qui n'a pas respiré peut néanmoins être né vivant et cet auteur affirme « ce fait que des enfants nés avant terme, chétifs, malades ou mal conformés peuvent venir au monde vivants, s'agiter, exécuter des mouvements de la face ou des membres et même crier, et cela, non seulement pendant quelques instants, mais pendant plusieurs heures et même plus d'un jour, sans que leurs poumons aient été pénétrés par l'air, sans qu'à l'autopsie ils aient présenté d'autres caractères que ceux de l'état fœtal, sans qu'enfin ils surnagent à l'épreuve hydrostatique » [2].

[1] V. *Etude médico-légale sur l'infanticide*, 1868, sur la question : « L'enfant est-il né vivant, a-t-il vécu?

[2] La docimalie pulmonaire hydrostatique est le procédé généralement employé par la médecine légale pour arriver à la preuve de la vie tirée de l'établissement de la respiration. Ce procédé repose sur la loi physique d'augmentation de volume que présentent les poumons ayant respiré et de légèreté spécifique par eux acquise. On éprouve leur densité en les plongeant dans un vase rempli d'eau, à la surface de laquelle ils surnagent s'ils ont respiré et dont ils gagnent le fond s'ils sont encore à l'état fœtal. D'après le docteur Brouardel (V. *Infanticide*, 1897), ce procédé, est encore aujourd'hui le meilleur et le plus probant. Il y a, en effet, d'autres procédés. Ce sont : la docimalie optique du docteur Bouchut (examen des poumons à la loupe ou à un très faible grossissement microscopique); le procédé radiographique de Bordas (les rayons Roentgen traversent le poumon qui a respiré, pas l'autre); la docimalie intestinale du docteur Breslau qui, isolée, n'est pas concluante; la docimalie auriculaire de Wreden, Wend et Gellé (examen des modifications apportées par la respiration dans l'état de la caisse du tympan).

Aussi la médecine légale nous apprend-elle que l'examen anatomique de l'enfant peut aussi révéler qu'il a eu vie : l'état de la peau, de l'estomac et du tube digestif, l'évacuation du méconium, l'oblitération des artères, la voussure du thorax, la couleur des poumons ne fournissent que des indices, mais des indices importants à l'expert. Pour ce qui est des véritables preuves, MM. Tardieu, *loco citato,* et Brouardel (*De l'infanticide,* 1897) nous apprennent qu'en cas d'insuccès de la méthode docimatique, le médecin expert a encore à son service : 1° une preuve négative de la vie tirée de l'état de macération plus ou moins avancée dans lequel se trouve le corps des fœtus mort-nés qui ont séjourné un certain temps, déjà privés de vie, dans la cavité utérine ;

2° Une deuxième preuve directe de la vie fournie par la persistance de la circulation et la coagulation du sang extravasé dans les blessures reçues après la naissance.

Pour qu'il y ait infanticide, il faut donc un enfant né vivant. Mais cela suffit-il ou faut-il encore que cet enfant soit né viable ? Nous avons vu dans l'historique de notre sujet que les lois antiques permettaient de mettre à mort les avortons et les enfants qui naissaient débiles ou monstrueux. Les anciens criminalistes, partageant les idées et les préjugés de leur temps, dissertaient sur les monstres, ces êtres misérables et bizarres chez lesquels la forme humaine paraît être altérée, et discutaient s'il était légitime de leur donner la mort. On trouvait tout naturel de tuer, au moment de leur naissance, ceux qui tenaient de la bête autant que de l'homme ; en Allemagne, on exigeait, sous des peines de police, la permission des magistrats. Tout cela s'expliquait par les idées qu'on se faisait autrefois de ces êtres ; ils étaient considérés comme le résultat de l'accouplement de deux êtres d'espèces différentes, si bien que des femmes ayant accouché de prétendus mons-

tres furent brûlées vives pour crime supposé de bestialité.
La science moderne a rejeté toutes ces erreurs. Les monstres
appartiennent plutôt au domaine de la fable et de la supers-
tition qu'à celui de la science et de la loi. En supposant la
fécondation possible dans l'hybridité, il est certain que l'œuf
fécondé ne pourrait se développer : les monstruosités s'expliquent simplement par des arrêts de développement de l'em-
bryon humain. Tout être né d'une femme, quelles que soient
ses malformations physiques, est donc une personne humaine
dont l'existence est protégée par la loi, les défectuosités physiques ou morales n'enlevant pas la qualité d'homme et ne
modifiant pas le caractère égalitaire de la protection légale.
Il n'y a donc plus aujourd'hui de monstres, mais il y a des
nouveau-nés sur lesquels leurs difformités font peser la présomption de non-viabilité, car, hâtons-nous de le dire, il ne
peut y avoir de certitude en cette matière tant que l'enfant
n'est pas mort ; et ce sont eux que toute une école de jurisconsultes et de médecins (¹), malheureusement imbus de
l'ancienne doctrine, a prétendu soustraire à la protection de
la loi. Argumentant de ce que l'art. 725 du Code civil les
déclare incapables de succéder, ces auteurs soutiennent qu'ils
ne sont pas censés exister aux yeux de la loi et que, par suite,
l'attentat commis contre leur vie chancelante non reconnue
par la loi, ne saurait constituer un crime. Certains, comme
Collard de Marigny (*Questions de médecine légale,* 1829,
rapporté par Briand et Chaudé, *Médecine légale,* I, p. 360),
docteur-médecin et magistrat, croient voir un second argument à l'appui de cette thèse dans la comparaison entre les
peines prononcées par l'art. 317 contre l'avortement et celles
prononcées contre l'infanticide par l'ancien art. 302 : « Et la

---

(¹) V. Rauter, *loc. cit.*, p. 448 ; Morin, *Rép. de dr. criminel,* vᵒ *Infanticide.*

loi, dit-il, punirait d'une peine plus forte le meurtre d'un avorton, d'un fœtus trop imparfait, trop informe pour conserver une vie momentanée ; d'un être que la nature voue au tombeau par le fait même de sa naissance prématurée ; d'un être dont la loi ne veut pas même reconnaître l'existence ! » Avec la très grande majorité des auteurs ([1]), nous rejetons cette opinion injustifiable : pas plus dans la définition du nouvel art. 300 que dans celle du Code de 1810 on ne trouve un seul mot duquel on puisse induire la nécessité de la viabilité, c'est-à-dire de l'aptitude du nouveau-né à la vie ; les art. 300 et 317 punissent indistinctement tout homicide d'enfant nouveau-né et tout avortement. La loi civile ne sort pas de son domaine en refusant le droit de succéder à l'enfant qui doit succomber aussitôt, en hésitant à faire reposer un droit sur cette tête animée par une vie indécise et confuse, mais on ne saurait admettre que la loi pénale ne protège pas un être humain parce que sa vie chétive ne doit durer que quelques heures. La protection de la loi doit être assurée aussi bien à l'enfant qui n'est pas né viable qu'au malade qui agonise, au vieillard qui touche au terme de sa carrière, au condamné à mort qui n'est plus qu'à quelques heures de son exécution. « Distinguer, pour punir l'infanticide, disent MM. Chauveau et Hélie (III, p. 449), entre l'enfant qui est né viable et celui dont la vitalité serait douteuse, ne serait-ce pas vouer à la mort une foule d'êtres faibles ? Ne serait-ce pas surtout couvrir d'une excuse perpétuelle tous les crimes commis sur les enfants ? » La jurisprudence a elle aussi résolu, au moins implicitement, la question dans ce sens : lorsque la question de vie a été résolue par le jury, la Cour

---

([1]) V. Chauveau et Hélie, III, n. 1213 ; Blanche, IV, n. 504 ; Garraud, IV, n. 1605 ; Briand et Chaudé, *Médecine légale*, I, p. 350 ; Devergie, *loc. cit.* ; Tardieu, *Etude sur l'infanticide*, 1868 ; de Savigny, *Traité du droit romain*, 2ᵉ vol.

suprême a toujours alors regardé le verdict comme régulièrement rendu, sans se préoccuper de la question de viabilité.
C'est ainsi que, le 23 août 1849, elle rejeta un pourvoi par le
motif « que la question : L'accusée est-elle coupable d'avoir
volontairement donné la mort à son enfant nouveau-né? réu-
nit tous les caractères légaux de l'infanticide ». Et nous
savons que la viabilité n'est pas un de ces caractères. Donc,
encore aujourd'hui, la cour d'assises ne doit poser et ne pose
au jury aucune question spéciale sur ce point. Il arrive très
fréquemment cependant en cour d'assises que cette question :
« L'enfant était-il viable? » soit posée à l'expert. « Ce qui
semblerait indiquer, dit Tardieu (*loc. cit.*), que la viabilité
est une condition de l'infanticide. Il n'en est rien et une
semblable interprétation n'est ni dans l'esprit de la loi, ni
dans la pensée du magistrat qui a posé cette question. La
viabilité n'est ici que la mesure en quelque sorte de la force
de l'enfant et du degré de résistance qu'il a pu opposer aux
violences exercées sur lui. Plus il sera établi que le nouveau-né
était apte à vivre, plus la nécessité de le faire diparaître par
un crime pourra être facilement démontrée....... La viabilité
est un indice matériel et moral tout à la fois et, à ce double
titre, elle intéresse la justice....... Dans ces termes, la question, nettement définie et bien comprise, peut être admise au
nombre de celles que soulève l'infanticide ».

La deuxième condition de l'infanticide est que le crime
ait été commis avec intention de donner la mort, c'est-à-dire
qu'à l'élément matériel se joigne l'élément moral, l'*animus
necandi*. Il est difficile, en de nombreux cas, d'apprécier
l'intention criminelle du coupable, surtout de la mère. Les
circonstances qui ont entouré la naissance de l'enfant ne
constitueront souvent que des indices de crime incertains.
Ainsi, la dissimulation de la grossesse et la clandestinité de

l'accouchement seront d'insuffisantes preuves de la volonté
de tuer, car la mère n'a peut-être voulu, par ce mystère, que
cacher sa honte. Et la mort de l'enfant nouveau-né peut être
attribuée à une foule de causes naturelles ou d'accidents non
imputables à la mère, comme aussi elle peut résulter d'une
simple faute, d'une imprudence de celle-ci, sans qu'il y ait
de sa part intention de commettre un crime. Ici encore, nous
voyons le rôle important que joue la médecine légale auprès
de la justice et les diverses hypothèses que l'expert devra
soigneusement examiner pour éclairer l'instruction ou faire
la religion du jury. Pour faciliter leurs recherches, les médecins légistes ont établi une distinction entre l'infanticide par
commission, quand la mort de l'enfant est le résultat de violences, et l'infanticide par omission, quand l'enfant meurt à
la suite d'une négligence, d'un défaut de soins. Cette division, adoptée dans le but d'apporter de la clarté dans l'exposition dogmatique de la matière, n'a aucune importance au
point de vue pénal : qui ne voit, en effet, que des violences
ayant occasionné la mort du nouveau-né pourront ne pas
constituer d'infanticide si l'intention homicide fait défaut,
comme le défaut de soins pourra justifier une poursuite pour
ce crime si la volonté de tuer est démontrée. L'essentiel est
donc l'*animus necandi*. Si la volonté manque, l'homicide de
l'enfant n'étant que le résultat d'une imprudence ou d'une
négligence, alors il n'y a point crime mais délit d'homicide
par imprudence prévu et puni par l'art. 319 du Code pénal :
nous verrons plus loin que, l'intention homicide étant difficile à établir, c'est sous cette dernière qualification que l'instruction correctionnalise fréquemment l'infanticide et que la
Cour d'assises pose au jury une question subsidiaire comme
résultant des débats. Si, d'un autre côté, des violences et des
mauvais traitements ont été infligés et des coups et blessures

portés volontairement à l'enfant, mais sans intention de lui
donner la mort et si cependant l'enfant a succombé à ces
actes, il n'y a point infanticide mais coups et blessures ayant
entraîné la mort sans l'intention de la donner, crime prévu
par l'art. 309 et puni par lui des travaux forcés à temps.
Cette constatation est à peu près exclusivement théorique,
parce qu'on ne voit pas les raisons qui pourraient porter soit
la mère, soit toute autre personne à commettre des actes de
violences volontaires sur un nouveau-né, pour le frapper et
le blesser, mais sans intention de le tuer. Cette hypothèse est
invraisemblable. Si pourtant elle se réalisait, il n'y aurait
certainement pas infanticide.

La loi pénale n'ayant nulle part requis des actes positifs de
violence comme condition nécessaire de l'homicide en général
et de l'infanticide en particulier, nous ne voyons pas comment
on a pu soutenir (¹) que les art. 300 et 302 ne comprenaient pas
ce que la médecine légale appelle l'infanticide par omission et,
en particulier, qu'ils ne s'appliqueraient pas à la mère qui
laisserait seulement son enfant mourir de faim ou de froid.
« Après mûre réflexion, dit M. Garçon, *loc. cit.*, nous mainte-
nons que si l'omission est absolument pure de tout fait de
commission, ce qui sera d'ailleurs assez rare, l'infanticide n'est
pas constitué ». Avec la majorité des auteurs (²), nous repous-
sons cette théorie : nous ne croyons pas d'abord que le Code
pénal ait oublié dans ses dispositions le problème de l'omission et qu'il n'ait prévu que l'homicide par commission ; le
juge n'a donc pas à se mettre au lieu et place du législateur
et à combler une lacune qui n'existe pas. Si cependant un
doute subsistait à cet égard, il nous semble ressortir assez

(¹) V. Garçon, *loc. cit.*, p. 706.
(²) V. Briand et Chaudé, I, p. 337; Garraud, IV, n. 1609; Chauveau et Hélie,
III, n. 1212 *in fne*.

nettement de l'esprit des travaux préparatoires de la loi de 1901 que, cette fois-ci, le législateur a voulu comprendre l'infanticide par omission dans les dispositions qu'il a adoptées. Sans doute, si on consulte la jurisprudence, il est difficile de trouver des arrêts punissant l'infanticide par simple omission. Pourquoi? parceque lorsque l'expertise médico-légale ne relève sur la personne de l'enfant aucun coup, aucune blessure, aucune trace de violences quelconques, la preuve du crime et de l'intention deviennent si difficiles qu'on ne poursuit plus alors pour infanticide et que c'est une des hypothèses où on adopte une autre qualification, celle d'homicide par imprudence par exemple : donc, en pratique, l'infanticide par omission est rarement poursuivi sous la qualification d'infanticide. Mais, en théorie, si la mère a exposé son nouveau-né au froid, à la très grande chaleur, si elle l'a privé d'air ou de nourriture pendant un certain nombre d'heures, etc....., si, dans tous ces cas, il est prouvé qu'elle a agi sciemment, avec l'intention de le faire périr, et si la mort qui a suivi est le résultat de l'une de ces causes, certainement il y a infanticide ; la volonté sert de base à l'infanticide quel que soit l'acte qui lui a servi de manifestation.

On s'est demandé si le fait de priver volontairement un enfant nouveau-né d'aliments ou de soins, avec intention de provoquer sa mort, ne tombait pas sous le coup du dernier paragraphe de l'art. 312 rédigé par la loi du 19 avril 1898 : comblant les lacunes du Code sur les coups et blessures et l'assassinat par omission sur des enfants, cette loi permettrait aussi de réprimer l'infanticide par omission, non régi, d'après l'opinion que nous venons de combattre, par les art. 300 et 302? Nous ne le croyons pas; l'art. 312 s'occupe de l' « enfant au-dessous de l'âge de quinze ans accomplis » et non du nouveau-né; de plus, l'alinéa qui prononce la peine

de mort contre le coupable exige que les sévices soient
« habituels » ; enfin, nous l'avons déjà dit, les art. 300 et
302 prévoient certainement l'infanticide par omission et suf-
fisent à sa répression.

Une autre question se pose : c'est celle de la volonté libre
et de l'irresponsabilité de la mère infanticide.

Il s'est présenté des cas dans lesquels l'accusée, invoquant
la violence que l'auteur de la grossesse lui avait fait subir au
moment de la conception, a demandé que l'excuse de provocation fût posée au jury à l'aide d'une question spéciale : avec
raison, croyons-nous, un arrêt de Cassation du 30 août 1855
(Sirey, 1856. 1. 282), après avoir constaté que la cour d'assises conserve la faculté d'examiner la valeur des éléments de
fait présentés par la défense comme constitutifs de la provocation et de refuser de poser la question, a décidé que cette
sorte de violence ne saurait constituer [1] une excuse de l'infanticide et ne pouvait donner lieu à une question spéciale au
jury. En effet, outre que la loi protège l'enfant, quelle que
soit l'origine de sa naissance, il paraît certain qu'il n'y a pas
dans ce fait une véritable provocation et qu'il n'y a surtout
pas entre l'acte provocateur et l'homicide le rapport immé-
diat et le lien, même idéal, exigé par interprétation de l'art.
321 du Code pénal. Cette jurisprudence a d'ailleurs perdu
toute son importance aujourd'hui, la loi de 1901 ayant établi,
comme nous le verrons plus loin, au profit de toute mère
accusée, une excuse légale atténuante dont l'application est
désormais de droit dans tous les cas ; cette prétendue provocation pourrait seulement être considérée comme circonstance
atténuante par le jury ; nous croyons même pouvoir dire
qu'il n'hésiterait pas à rapporter un verdict négatif.

[1] A plus forte raison, l'accusée n'aurait-elle pas pu invoquer une séduction
dont elle aurait été victime.

Ce fait de violence, présidant à la conception de l'enfant et invoqué par la mère à titre d'excuse, forme un cas très exceptionnel. Il est moins rare de voir la mère invoquer comme excuse, comme justification même de son crime le trouble profond de son esprit au moment de l'accouchement. La cour d'appel de Nancy, dans un arrêt du 29 juillet 1846 (¹) très longuement motivé, décida que la honte, le respect humain, la crainte révérentielle des parents et celle des reproches du ministre du culte, qui portent la fille-mère à donner la mort à l'enfant dont elle accouche, ne doivent pas être assimilés, quelle qu'en puisse être l'énergie, à un désordre momentané d'intelligence. Il semble, en effet, qu'il n'y a rien dans ces faits qui puisse constituer la contrainte irrésistible que l'art. 64 du Code pénal admet comme une cause de justification. La contrainte ne peut justifier le crime que lorsqu'elle résulte d'une cause extérieure, d'une impulsion étrangère à l'auteur du fait incriminé et ne s'entend que de la violence physique ou morale exercée sur lui par un tiers. Bien plus, si ce sont là les causes ordinaires, les causes directes et déterminantes de cette espèce de crime, il ne peut en résulter une disparition partielle de la volonté qui reste entière, mais un simple intérêt pour la mère à détruire son fruit et l'intérêt à un crime ne peut supprimer la volonté de le commettre et innocenter son auteur. Cela est si vrai que le Code pénal conserve le caractère de faits répressibles aux crimes et délits commis dans l'emportement des passions les plus violentes, c'est-à-dire à celles de toutes les actions humaines déterminées par les motifs les plus capables d'entraîner la volonté; tels le meurtre, les coups et blessures provoquées par des violences graves, tel le meurtre de l'épouse et de

(¹) Sirey, 1848. 2. 18, Dalloz, 47. 2. 88.

son complice surpris en flagrant délit d'adultère, telle enfin la castration provoquée par le viol ou un outrage violent à la pudeur, espèces réglées par les art. 321, 324 et 325 du Code pénal.

Il est néanmoins difficile de concevoir l'infanticide sans y faire rentrer tous ces faits qui en sont comme les facteurs sociaux et moraux. Sous le Code de 1810, on en faisait des circonstances atténuantes; la loi de 1901 en a fait une des bases de l'excuse légale qu'elle a créée, le jury pouvant toujours y puiser des circonstances atténuantes. Au cours des travaux préparatoires de la loi nouvelle, les différents orateurs ont soigneusement analysé chacun de ces faits qui, groupés, sont devenus un des deux motifs de l'excuse, sous la dénomination générale de « crainte du déshonneur ». Solution excellente, croyons-nous : Si ce n'était certainement pas là un fait justificatif entraînant suppression du crime et de la culpabilité de son auteur (art. 64), il y avait certainement lieu d'y voir une excuse atténuante maintenant le crime, l'agent responsable, mais entraînant une atténuation de peine.

Au moment de l'accouchement, il y a pour la fille-mère autre chose que l'influence du milieu social. A côté du déshonneur qui l'accable, à côté du désespoir que lui cause souvent le lâche abandon du père de son enfant, le travail douloureux de l'enfantement exerce, dans la majorité des cas, sur son état physique, comme sur celui de la femme en général, une influence considérable. Aussi c'est avec raison, selon nous, que, dans certains cas d'infanticide où l'enfant a succombé faute de soins, on peut invoquer, pour défendre la mère, l'état de trouble inexprimable qui lui enlève la possibilité d'entourer son enfant des précautions les plus indispensables. « L'enfant peut être mort, dit Eusèbe de Salles, avant que la voix de la nature ait vibré dans les entrailles maternelles brisées par la douleur ; la raison troublée n'a compris le devoir que lorsqu'il était trop tard pour lui obéir » (1). Le docteur Marcé (2) paraît admettre cette impossibilité matérielle de la part de la mère dans « quelques cas ». Le docteur Ambroise Tardieu, se plaçant en face de cette question : Une femme qui vient d'accoucher est-elle hors d'état de donner à son enfant les soins nécessaires ? répond que cette impossibilité physique de s'occuper de l'enfant est très souvent invoquée par l'accusée qui allègue une syncope ; mais que, pour lui, seule l'hémorrhagie abondante produite au moment de l'accouchement sera une cause de syncope admissible. Quant aux nombreuses autres allégations produites par la défense et qu'il passe en revue, Tardieu les traite de « nombreuses suppositions imaginées le plus souvent pour soutenir une défense aux abois ». Au point de vue pénal, on peut donc dire que si bien des enfants périssent par défaut de soins dans le travail même de l'enfantement, leur mort ne constitue pas fatalement des infanticides par omission, et que les mères ne seront pas nécessairement des criminelles mais « quelquefois » des malades, des irresponsables ; où elles ont perdu la conscience de leur devoir, ou elles l'ont gardée mais ont été impuissantes à le remplir.

Mais que penser de cet état morbide dans les infanticides les mieux caractérisés ? Quelle part laisser à la responsabilité de la mère en face de certaines sortes de violences qui comportent nécessairement l'*animus necandi :* comme le fait de couper l'enfant en morceaux, de détacher la tête du tronc, de le pendre, de le jeter dans l'eau bouillante, dans une mare

---

(1) Eusèbe de Salles, *Traité de médecine légale*, p. 160 (Encyclopédie médicale).

(2) V. Dr L. V. Marcé, *Traité de la folie des femmes enceintes, Des nouvelles accouchées et des nourrices et cons. méd.-lég. sur ce sujet*, 1858, 2e section.

ou dans une rivière, de lui enfoncer du verre pilé dans l'estomac avec un bâton; espèces d'où se dégage nettement la
volonté du crime à l'encontre de certaines autres telles que
blessures à la tête, suffocation qui pourront quelquefois faire
naître un doute que l'examen attentif d'un expert habile
pourra seul lever? La science peut-elle affirmer que dans les
derniers moments du travail une femme soit exposée à des
accès de fureur pendant lesquels elle exerce sur son enfant
des violences dont elle n'est pas responsable, semblable en
cela aux femelles de certains animaux qui sont quelquefois
prises, pendant la parturition, d'une fureur durant laquelle
elles se jettent sur leurs petits et les mordent au point de les
tuer? En un mot, une femme qui accouche peut-elle être
prise, au moment de l'enfantement et par suite de son état
morbide, d'un vrai délire passager appelé *folie puerpérale*
qui a pour résultat de pervertir ses facultés, mentales ou
affectives, et de provoquer chez elle des impultions homicides dont elle est inconsciente et irresponsable? Les médecins
légistes ont répondu de façons diverses à cette question capitale.

Esquirol ([1]), Gall ([2]) et à leur suite le docteur Marcé (*loc.
cit.*), confessent qu' « il faudra sans doute une réunion de circonstances bien probantes et un examen bien attentif pour
arriver à démontrer qu'il a existé au moment de l'accouchement un accès passager d'aliénation mentale », mais en soutiennent fermement la possibilité et « en citent sans peine
quelques exemples ». M. Boileau de Castelnau, dans un travail ([3]) sur la folie instantanée, considérée au point de vue
médico-judiciaire, après avoir discuté avec sagacité l'obser-

---

([1]) *Maladies mentales*. Paris, 1838, I, p. 321.
([2]) Gall, *Sur les fonctions du cerveau*, I, *Infanticide*, p. 372 et s.
([3]) *Annales d'hygiène publique et de médecine légale*, 1851, XLV, p. 437.

vation d'une fille J....., infanticide (cas cité par Marcé, 3ᵐᵉ section, *loc. cit.*, et par Brouardel, *L'Infanticide*, 1897, p. 159 à 165), arrive à cette conclusion qu'au moment où elle avait commis son crime, cette fille était en proie à un égarement momentané qui lui enlevait le libre exercice de ses facultés affectives et intellectuelles.

Mais, quelques années seulement après eux, Ambroise Tardieu (¹) étudie « cette forme de folie tout à fait distincte que l'on a *prétendu constituer* sous le nom de Folie Puerpérale » et arrive à des conclusions tout à fait opposées : « Il est incontestable, dit-il, que si le travail de l'enfantement se prolonge, si les douleurs prennent ce caractère énervant qu'elles revêtent parfois, la femme, pour peu qu'elle soit excitable et nerveuse, s'agace, s'irrite, s'emporte, méconnaît la tendresse de ses proches, de son mari qui l'entourent, les soins de l'homme de l'art qui l'assiste, se répand en paroles violentes, incohérentes même, éclate en mouvements d'aversion pour l'enfant qui va naître. Mais, de là à la folie, à la perversion de la volonté, à la fureur homicide, à l'inconscience et à l'irresponsabilité des actes, il y a un abîme infranchissable. Ce n'est pas la folie, ce n'est même pas la perversion transitoire des facultés, *c'est une surexcitation de la sensibilité qui laisse intacts la raison et les instincts* ». Il s'empare alors des exemples cités par Marcé et Boileau de Castelnau et ne voit dans chacun d'eux qu'un crime « habilement perpétré » ou une « comédie ». « Je ne peux donc admettre dans ces cas, dit-il, — et j'ajoute que je n'en connais pas un seul exemple authentique et vraiment démonstratif, — cette folie transitoire du moment de l'accouchement ». En résumé, Tardieu ne conteste pas que certains

(¹) *Etude médico-légale sur l'infanticide*, 1868, ch. V, p. 226 à 240.

infanticides soient l'œuvre de la folie ; mais alors, cette folie ne sera pas transitoire et sera caractérisée par les symptômes ordinaires de l'hystérie, de la mélancolie lypémaniaque et plus rarement de la fureur maniaque.

Enfin, de nos jours, le docteur Brouardel (') a nié aussi énergiquement que Tardieu l'existence de ce prétendu délire puerpéral. Après avoir analysé à son tour les exemples servant de base à la théorie adverse et avoir démontré que les uns étaient le résultat de la folie, dans le sens ordinaire du mot, les autres des actes de pleine criminalité mais habilement perpétrés, il conclut : « Ce serait, suivant moi, faire un contre-sens pathologique que d'accepter cette folie paraissant subitement, guérissant de même, ne durant que le temps de commettre le crime et n'ayant que ce seul caractère. Rien en pathologie mentale ne nous permet d'accepter un tel phénomène pathologique..... Quelque insensé que soit un acte, a dit depuis longtemps M. Lasègue, il ne prouve pas, par lui seul, que celui qui l'a commis était aliéné. Il faut se placer dans les conditions où se trouvait la jeune fille. Elle a fait une première faute pour laquelle la justice n'intervient pas ; elle en fait une seconde, elle a caché sa grossesse, la justice n'intervient qu'en Allemagne ; elle en a fait une troisième qui était la conséquence presque fatale des deux autres, elle voulait sauver son honneur ; que les jurés lui soient pitoyables, ce n'est pas moi qui soulèverai une objection. *Mais ce qu'on ne me fera pas dire, c'est qu'il existe une forme particulière de folie, alors que celle ci n'existe pas et que je mentirais à la justice* ».

Enfin, la troisième circonstance requise par l'art. 300 est que l'homicide qui constitue l'infanticide ait été commis sur

---

(') *Infanticide*, 1897, p. 159 à 165.

Gauban   7

un enfant nouveau-né. En se servant de ce mot « nouveau-né », la loi criminelle ne l'a pas défini. Ni l'ancien art. 300, ni le nouveau n'ont dit d'une façon précise à partir de quel moment et jusqu'à quel jour l'enfant doit être considéré comme tel. Il a donc fallu suppléer au silence de la loi. Nous allons passer en revue les controverses et les jurisprudences auxquelles a donné lieu l'interprétation de ce terme.

Et d'abord, à partir de quel moment l'enfant cesse-t-il d'être un fœtus pour devenir un nouveau-né? Par suite, à quel instant l'acte criminel, cessant d'être un avortement, devient-il un infanticide, ou bien y a-t-il un temps durant lequel, la vie de l'enfant n'étant plus protégée par la loi, l'attentat commis contre elle demeure imprévu et impuni? En résumé, l'homicide d'un enfant commis durant le travail même de l'accouchement, *in ipso partu,* est-il un infanticide? C'est bien, en effet, durant cette période intermédiaire que se pose la question : il n'y a pas eu « expulsion prématurée et violemment provoquée du produit de la conception »; il n'y a pas accouchement procuré avant terme par des moyens coupables, l'enfant vient naturellement, il n'y a donc pas avortement. Mais y-a-t-il infanticide? La question a été vivement débattue; l'affirmative ne fait cependant aucun doute (¹). On ne peut considérer l'enfant, au moment où il naît, comme déjà né, ont objecté certains auteurs; de même qu'il ne saurait y avoir d'homicide que sur une personne vivante, de même il ne peut y avoir d'infanticide que sur un enfant déjà né; or l'enfant, même venant à terme et viable, s'il n'a pas pas encore vécu de la vie extra-utérine, n'est pas encore une personne. « L'enfant, répondent Chauveau et Hélie, est né

(¹) V. en ce sens Garraud, IV, n. 1606; Blanche, IV, n. 505; Chauveau et Hélie, III, n. 1216; Briand et Chaudé, I, p. 344; Orfila, *Leçons de médecine légale,* et Devergie, *Traité de médecine légale.*

aussitôt qu'il est sorti du sein maternel; s'il y a un moment qui sépare la vie intra-utérine de la vie extra-utérine, où l'enfant est en dehors de l'utérus, quoique l'air n'ait pas encore pénétré ses poumons, comment soutenir qu'il n'est pas encore né, parce qu'il n'est pas encore doué de la vie extérieure? N'est-ce pas confondre le moment de la naissance et le moment de la vie extra-utérine qui la suit? Si le crime ne peut plus être qualifié d'avortement, ne prend-il pas nécessairement le caractère d'un infanticide »? La Cour d'appel de Douai (chambre correctionnelle), à propos d'une affaire d'homicide par imprudence, a rendu un arrêt ([1]) dans le même sens : « Attendu, dit-elle, qu'on ne saurait soutenir que l'homicide par imprudence d'un enfant, pendant l'accouchement même, ne tombe pas sous le coup de la loi; que cette doctrine, appliquée au crime d'infanticide, serait la source d'une impunité scandaleuse; que, pour n'avoir pas encore respiré, l'enfant n'en a pas moins vécu de la vie intra-utérine; que sa mort même est la preuve de son existence antérieure ». Dans le même sens encore, un arrêt de la Cour d'appel de Gand du 1er février 1882 ([2]) : « Attendu, dit-il, que si le crime d'infanticide peut être commis pendant l'accouchement sur un enfant qui n'a pas encore vécu de la vie extra-utérine, il s'ensuit............ » L'art. 396 du Code pénal belge de 1867 définit, il est vrai, l'infanticide « le meurtre de l'enfant au moment de sa naissance »; mais nous croyons que la solution consacrée par la jurisprudence belge n'en est pas moins, au point de vue doctrinal, d'un grand poids en faveur de la théorie que nous défendons. L'homicide d'un enfant, commis dans le travail même de l'accouchement, *in ipso partu,* est donc certainement un infanticide; l'enfant, au

([1]) Arrêt du 16 mai 1882 (Sirey, 1883. 2. 153).
([2]) V. Sirey, 1883. 4. 17.

moment même où il naît, doit être tenu comme déjà né : il serait absurde de soutenir qu'il n'était pas né parce qu'il avait cessé de vivre avant que la naissance fût complète et sa mort même est la preuve de son existence. Il est d'ailleurs inadmissible qu'entre l'avortement et l'infanticide, le Code pénal ait pu laisser sans répression une action aussi coupable qui participe à la fois de ces deux crimes ; si un doute avait pu subsister à cet égard depuis 1810, nous croyons qu'il a dû disparaître depuis 1901, les paroles prononcées au cours des travaux préparatoires de la loi nouvelle montrant assez nettement l'intention qu'avait le législateur de ne laisser impunie aucune forme d'infanticide ([1]). Il n'est donc pas nécessaire que l'enfant ait vécu de la vie extra-utérine et la preuve de la respiration n'est donc pas indispensable à la constitution du crime. Certainement, l'expert portera tout d'abord son attention sur ce fait facile à constater, grâce à l'épreuve docimasique. Mais l'infanticide n'en existerait pas moins si, de toute autre manière, l'homme de l'art parvenait à faire la preuve de la vie au moment du crime. En pratique, cette preuve sera presque toujours difficile à faire ([2]).

Nous venons de fixer le moment à partir duquel l'enfant doit être considéré comme nouveau-né et l'attentat commis contre sa personne comme un infanticide ; il importe maintenant de fixer l'instant, le jour où il cesse de l'être.

Le problème de la novi-natalité n'est pas nouveau, et il a soulevé des controverses d'autant plus ardentes que le texte

---

([1]) L'expression « au moment de la naissance » fut plusieurs fois proposée, car elle embrassait les différentes périodes durant lesquelles l'infanticide peut être commis. Elle ne fut pas adoptée, car on voulait conserver toute la jurisprudence attachée au terme « nouveau-né »; mais l'idée qui s'en dégage quant au point de départ du crime est, croyons-nous, qu'aujourd'hui, plus que jamais, l'infanticide *in ipso partu* rentre dans la définition de la loi.

([2]) V. Tardieu, *loc. cit.;* Taylor, *Médecine légale,* p. 638 et Brouardel, *loc. cit.*

de la loi était plus obscur. L'ancien art. 300 définissait l'infanticide « le meurtre d'un enfant nouveau-né » : Quel était cet enfant ? La question avait une importance capitale ; on sait, en effet, que le meurtre de l'enfant non nouveau-né restait dans la classe commune des homicides volontaires et était puni soit de la peine capitale, soit des travaux forcés à perpétuité suivant qu'il avait été accompli avec ou sans préméditation, tandis que le meurtre du nouveau-né était uniformément puni de mort, la question de préméditation restant indifférente. Tous les criminalistes étaient d'accord pour chercher la solution dans la raison de la loi, pour s'inspirer des motifs qui avaient fait classer l'infanticide parmi les meurtres qualifiés : on avait voulu protéger d'une façon plus efficace l'enfant dont la naissance était ignorée, dont la vie n'était pas entourée des garanties communes et punir sévèrement, pour le prévenir, un homicide facile qui pouvait effacer jusqu'aux traces de l'existence de la victime. Mais là s'arrêtait l'accord des interprètes ; ils tiraient de ce principe des conséquences pratiques diverses.

Quelques médecins légistes interprétèrent tout d'abord cette expression d'une façon étroite, empruntée à la physiologie et fondée sur les caractères anatomiques que peut présenter le cadavre du nouveau-né.

Ollivier d'Angers (¹) proposait ingénieusement comme limite à l'état de nouveau-né la chute du cordon ombilical qui se détache entre le quatrième et huitième jour à partir de la naissance ; par suite, l'enfant était nouveau-né durant ses huit premiers jours (²).

(¹) Cité par Tardieu, *loc. cit.*, ch. II, p. 21 et s.

(²) M. Devergie, dans son *Traité de médecine légale* (I, p. 523) rejette cette opinion. — Tardieu (*loc. cit.*, ch. II, p. 21 et s.) l'a critiquée aussi en ces termes : « Cette limite n'a rien de fixe et substituerait au vague de la loi quelque chose de

Billard ([1]) donnait comme signe la formation de la cicatrice ombilicale, signe qui avait l'inconvénient de reculer la limite à une date trop lointaine : 12 ou 15 jours.

Robert Floriep ([2]), de Berlin, songea à revenir à la définition de l'ancien droit romain et pensait que le nouveau-né était « l'enfant *sanguinolentus, cruentatus* », c'est-à-dire celui qui était souillé du sang de sa mère ; qui n'avait pas encore reçu les premiers soins.

Casper ([3]), avec la grosse majorité de la doctrine, en Allemagne, faisait grand cas de la définition de Floriep et faisait observer que, dans le cas d'infanticide, le nouveau-né a généralement été tué avant d'avoir reçu aucun soin et est resté souillé du sang de sa mère. L'observation était judicieuse ; mais cette interprétation restreignait certainement beaucoup trop le terme, à l'encontre des précédentes qui l'élargissaient démesurément.

La jurisprudence n'eut pas à se prononcer souvent sur la question ; cependant, les quelques arrêts rendus par la Cour de cassation et par les Cours d'appel montrent qu'elle cherchait, de son côté, la solution dans la raison de la loi.

Dalloz ([4]) cite un arrêt de la Cour suprême de Liège, du

variable et d'inconstant ; la chute du cordon ombilical paraissant, en effet, d'une façon générale, d'autant plus rapide que la constitution des enfants est plus forte, il s'établirait ainsi des inégalités, des différences peu compatibles avec la précision que l'on voudrait introduire dans la loi. D'ailleurs, il fut fait à cette proposition une objection qui, pour être forcée, n'en est pas moins sérieuse. Un meurtre commis sur deux jumeaux, nés le même jour et presqu'à la même heure, pourra être qualifié pour l'un infanticide, pour l'autre homicide, pour peu que le cordon ne se soit pas détaché chez l'un et chez l'autre exactement au même moment : cette différence dans la qualification du même fait est absolument inadmissible ».

([1]) Cité par Tardieu, *loc. cit.*, ch. II, p. 21 et s.

([2]) Cité par Tardieu, *loc. cit.*

([3]) *Traité pratique de médecine légale*, Trad. *française*. Paris, 1862, II, p. 472.

([4]) *Recueil alphabétique*, 12, 964.

20 juin 1822, qui a décidé qu'un enfant, né dans un établissement public, inscrit sur les registres de l'état civil sous le nom de sa mère, et âgé de 14 jours, ne pouvait plus, dans le sens de l'art. 300 du Code pénal, être considéré comme un enfant nouveau-né, de l'existence duquel on aurait voulu anéantir les traces; qu'en conséquence, sa mère ne commettait pas le crime d'infanticide.

La Cour de cassation, par un premier arrêt, à la date du 24 décembre 1835 ([1]) (Demange), entra dans la voie ouverte par la Cour de Liège; elle jugea que pour qu'il y ait infanticide dans le sens légal, il faut que le meurtre de l'enfant ait eu lieu au moment ou dans un temps très rapproché de sa naissance; qu'on ne peut considérer comme infanticide l'homicide volontaire d'un enfant âgé de 31 jours dont la naissance, si elle n'a pas été légalement constatée, n'a pas pu rester ignorée; qu'appliquer à ce crime-là la qualification d'infanticide serait méconnaître l'esprit de la loi qui n'a voulu protéger par un châtiment plus sévère la vie de l'enfant, que lorsqu'elle n'est pas entourée des garanties communes, et que le crime peut effacer jusqu'aux traces de sa naissance..... Un autre arrêt de la même Cour, rendu le 14 avril 1837 (Frazat) ([2]), confirma le précédent en décidant que l'homicide volontaire d'un enfant âgé de 8 jours ne constituait pas un infanticide, mais un simple meurtre, lorsque, comme dans l'espèce, l'accouchement n'avait pas été clandestin, avait eu lieu au domicile de personnes connues qui avaient, durant tout ce temps, donné leurs soins à l'enfant et contribué à sa nourriture. Il est facile de voir par ces deux arrêts que la Cour de cassation s'occupait surtout du délai

([1]) D. P., 1836. 1. 268.
([2]) D. P., 1837. 1. 357.

écoulé entre le jour de la naissance et celui de la mort de l'enfant.

Les Cours d'appel suivirent la même jurisprudence. Celles d'Angers et de Montpellier, par les arrêts ([1]) du 22 juillet 1847 et du 16 février 1860, refusèrent de considérer comme coupables d'infanticides les meurtriers d'enfants âgés de six ou sept jours qui avaient déjà été inscrits sur les registres de l'état civil.

En cour d'assises, si on vit l'accusation relever le crime d'infanticide à propos du meurtre d'un enfant déjà inscrit sur les registres de l'état civil depuis plus de 24 heures ([2]), on vit aussi poursuivre pour homicide ordinaire :

Des femmes qui avaient donné la mort à des enfants de huit jours (cour d'assises de Seine : 12 nov. 1863 et 10 avril 1873, rapp. par Briand et Chaudé, p. 347 *loc. cit.*) ;

Une mère dont l'enfant avait onze jours (cour d'assises de Seine, 28 mai 1870, *loc. cit.*) ;

Celle qui avait empoisonné son enfant deux jours après avoir déclaré sa naissance à l'état civil (cour d'assises Seine, 14 déc. 1877, *Gazette des tribunaux*, 15 déc. 1877).

Sur cette jurisprudence vague et imprécise, la doctrine édifia à son tour des théories diverses.

Rauter ([3]) émettait l'opinion que le délai durant lequel l'enfant doit être considéré comme nouveau-né ne pouvait excéder vingt-quatre heures. Il n'est plus nouveau né, disait-il, quand, d'une manière quelconque, même avant l'expiration de ce délai, il a commencé une existence séparée qui fait cesser le rapport à raison duquel il a été jusque-là considéré comme une portion des entrailles de sa mère.

([1]) V. D. P., 1847. 4. 297 et *Journal de droit criminel,* 1860, p. 204.

([2]) V. Cass., 13 mars 1856, D. P., 1856. 1. 221.

([3]) *Traité théorique et pratique de droit criminel français,* 1836, II, p. 448.

Chauveau et Hélie (¹), se fondant sur les motifs fournis par
la Cour suprême et développés dans ses arrêts de 1835 et
1837, estimaient que lorsque les trois jours qui ont suivi la
naissance sont expirés, ou lorsque l'enfant, même avant
l'expiration de ces trois jours, a été inscrit sur le registre de
l'état civil, l'auteur de sa mort ne commet plus un infanticide, mais un meurtre ordinaire ; ces délais passés, l'enfant
n'est donc plus légalement nouveau-né. Et ils trouvaient une
sanction à leur solution dans le rapprochement de plusieurs
législations étrangères (n. 1215).

Tardieu (²), loin de chercher, comme les autres médecins
légistes, une solution dans la physiologie, trouvait que la
définition donnée par l'arrêt de cassation de 1835 était très
claire et surtout très pratique, « parce que, disait-il, elle n'a
rien d'absolu et laisse toute latitude à l'appréciation de chaque fait particulier ».

Garraud (³) pensait que l'inscription sur les registres de
l'état civil faisait perdre à l'enfant sa qualité de nouveau-né,
que la notoriété de sa naissance, survenue avant l'expiration
du délai de trois jours, la lui faisait perdre aussi ; mais qu'il
conservait cette qualité, même après l'expiration de ce délai,
tant qu'il n'y avait pas inscription ou tant que sa naissance
restait ignorée.

Enfin Blanche (⁴) croyait que la règle ne pouvait pas être
posée d'une façon uniforme et que la loi avait eu raison de la
laisser parmi les questions de fait abandonnées à l'appréciation
du juge. « Malgré l'autorité des arrêts des 24 décembre 1835
et 14 avril 1837, je persiste à croire, dit-il, que le fait qu'il

(¹) *Loc. cit.,* III, n. 1214.
(²) *Loc. cit.,* chap. II, p. 21 et suiv.
(³) *Loc. cit.,* IV, n. 1607.
(⁴) *Etudes pratiques sur le Code pénal,* 1888, IV, n. 506.

importe d'étudier pour savoir si un enfant était encore nouveau-né, au moment du crime dont il a été l'objet, c'est
moins le temps qui s'est écoulé entre sa naissance et son
décès, que la notoriété qui s'est faite, ou le secret qui s'est
conservé sur sa naissance ».   •

Nous croyons que la théorie de Garraud et de Blanche était
la plus rationnelle, la plus pratique et la plus conforme à
l'esprit du Code de 1810 : d'abord, il n'appartenait certainement pas à la médecine légale de résoudre cette question, le
seul et véritable rôle de l'expert consistant à faire connaître
au magistrat instructeur et au jury l'identité de l'enfant au
moment du crime ; les arrêts de la Cour de cassation étaient
conçus en termes trop généraux et donnaient une part trop
large au délai écoulé entre le jour de la naissance et celui de
la mort de l'enfant ; d'ailleurs, ils veulent faciliter la solution, mais ne la donnent pas. Les autres décisions de la
jurisprudence ne tranchaient que des questions d'espèces,
aucune idée générale ne pouvant en être dégagée ; enfin, si la
théorie de Rauter restreignait beaucoup trop l'acception du
terme, celle de Chauveau et Hélie proclamait à tort la règle
inflexible des trois jours que ces éminents jurisconsultes
croyaient pouvoir tirer des arrêts de la Cour suprême ; le
législateur a d'ailleurs lui-même repoussé cette dernière
interprétation : lors des discussions de la loi du 28 avril 1832,
au sein de la Chambre des députés, un orateur (M. Teulon)
ayant proposé d'ajouter à l'art. 300 du Code pénal : « dans les
trois jours qui suivront sa naissance », cette proposition fut,
en effet, repoussée.

En résumé, nous savons les motifs de la très grande sévérité du Code à l'égard de l'infanticide. Quant à l'interprétation du terme « nouveau-né », nous voyons qu'elle ne se
prêtait, sous le Code 1810, à aucune règle générale ; que

c'était une question toute de fait et du ressort exclusif du jury, qui pouvait, tout en consultant les raisons de décider proclamées par la Cour de cassation, prendre parti suivant les circonstances. Il devait apprécier la notoriété acquise ou le secret conservé sur la naissance de l'enfant, plutôt que calculer le temps qui s'était écoulé entre sa venue au monde et son décès. Et maintenant, depuis la loi de 1901, quelle idée doit-on se faire de ce terme? C'est ce que nous examinerons à propos de l'excuse légale dans le chapitre des pénalités.

CHAPITRE VII

PÉNALITÉS

La loi du 21 novembre 1901 n'a pas seulement changé la définition de l'infanticide : elle a, dans l'art. 302, remplacé l'ancienne peine de mort applicable dans tous les cas à tous les coupables par un nouveau sytème de peines.

Le paragraphe unique du Code de 1810 est conservé moins le mot « infanticide » et il lui est adjoint un second paragraphe ainsi conçu :

« Toutefois la mère, auteur principal ou complice de l'assassinat ou du meurtre de son enfant nouveau né, sera punie, dans le premier cas, des travaux forcés à perpétuité, et dans le second, des travaux forcés à temps, mais sans que cette disposition puisse s'appliquer à ses co-auteurs ou à ses complices ».

L'étranger coupable — et par étranger nous entendons tout coupable autre que la mère — est donc passible des peines de l'homicide ordinaire, c'est-à-dire de la peine capitale en cas d'infanticide prémédité (assassinat, art. 302, § 1er), et des travaux forcés à perpétuité en cas d'infanticide non prémédité (meurtre, art. 304, § 3).

De son côté, la mère jouit d'un régime de faveur et encourt dans les deux cas précédents des pénalités d'un degré inférieures, c'est-à-dire les travaux forcés à perpétuité quand il y a eu préméditation, les travaux forcés à temps dans le cas de simple meurtre.

Il y a bien évidemment là une excuse légale atténuante purement personnelle à la mère. Le texte, il est vrai, ne l'a pas dit expressément, mais la terminologie est ici indifférente : il est de droit, en effet, de par les termes de l'art. 65 du Code pénal, qu'une excuse existe lorsque la loi atténue la peine normale d'un crime à raison de quelque circonstance. C'est ainsi que la doctrine et la jurisprudence sont d'accord pour admettre l'existence d'une excuse atténuante spéciale au profit de l'individu qui, ayant émis de la fausse monnaie, prouve qu'il l'avait reçue pour bonne (art. 135 du Code pénal où se trouve le mot « toutefois », comme dans le nouvel art. 302); au profit du coupable de séquestration qui a rendu la liberté à la personne arrêtée, séquestrée ou détenue, avant le dixième jour accompli depuis celui de l'arrestation, séquestration ou détention (Code pénal, art. 343). L'établissement d'une excuse au profit de la mère ne fait donc pas de doute au point de vue légal.

Mais il est permis de se demander quels en sont les éléments constitutifs. La solution de cette question dépendra uniquement du parti que l'on prendra sur le point de savoir si l'infanticide est resté ce qu'il était sous le code de 1810, et comme nous l'avons admis, un crime spécial, *sui generis,* ou bien si la loi nouvelle a fait cesser sa spécialisation et vis-à-vis de quelles personnes.

Admet-on que l'infanticide subsiste comme crime spécial pour tous? La circonstance que la victime est un enfant nouveau-né restera, comme avant 1901, constitutive de ce crime et l'excuse résidera dans la seule qualité de l'accusée, mère de cet enfant.

Pense-t-on que l'infanticide disparaît comme crime spécial

lorsque le coupable est un étranger, mais qu'il subsiste comme tel lorsqu'il est commis par la mère? La constitution de l'excuse sera la même, la qualité d'enfant nouveau-né restant essentielle à l'existence du crime spécial.

Enfin, si on croit que l'infanticide a cessé d'être un crime spécial par rapport à tous les coupables, on doit conclure que le fait principal est un meurtre, aggravé ou non par la préméditation, l'excuse étant constituée par la double circonstance que la victime est un enfant nouveau-né et que l'accusée est la mère ([1]).

Cette dernière doctrine a toutes nos préférences et voici pourquoi : d'abord il résulte très nettement des travaux préparatoires de la loi que le législateur a voulu, en principe et d'une façon générale, faire rentrer l'infanticide dans le droit commun du meurtre et de l'assassinat, tout en instituant un régime de faveur au profit de la mère : « Il faut assimiler l'infanticide au meurtre de droit commun, comme en Angleterre, par exemple », disait le rapporteur, M. Martin, à la séance du 26 juin 1900. Et plus loin, au nom de la commission : « Oui, il faut se borner à assimiler l'infanticide au meurtre du droit commun, quand il est commis par un étranger; mais il est nécessaire d'établir pour les filles-mères un régime d'exception tel qu'elles puissent, dans certains cas, n'être punies que d'un emprisonnement de deux à cinq ans, qu'elles puissent même parfois bénéficier de la loi Bérenger ».

Nous convenons que ces paroles n'infirment en rien la seconde opinion, mais elles répondent victorieusement à la première, qui, d'ailleurs, croyons-nous, n'a pas été sérieusement soutenue.

([1]) Garçon, *Code pénal annoté*, art. 300, p. 705, n. 19.

Le second argument est un argument de texte : l'art. 300 nomme et définit bien l'infanticide, mais, dans l'art. 302, le législateur semble, en ne reproduisant pas cette expression, avoir voulu manifester énergiquement son intention de supprimer le crime particulier. De plus, nous voyons très bien groupées, dans ce dernier article relatif à la pénalité, les deux circonstances qui sont pour nous constitutives de l'excuse, la qualité de mère et celle de nouveau-né : « Toutefois, la mère, auteur principal ou complice de l'assassinat ou du meurtre de son enfant nouveau-né.... » Suit la pénalité atténuée qui a sa raison d'être dans les deux circonstances précédentes, génératrices de l'excuse. La distinction faite par le deuxième système nous paraît donc purement factice, car, en outre, si l'art. 300 maintient la qualification d'infanticide, c'est pour tous les coupables et si l'art. 302 la supprime, c'est également pour tous. Nous savons bien qu'une proposition de M. Martin et un des nombreux textes présentés au Sénat par la commission faisaient de l'infanticide le crime spécialement commis « par une mère sur son enfant », mais la rédaction définitive ne reproduit pas cette définition : elle eût été un gros argument pour ce second système, qui trouve cependant beaucoup de partisans dans le monde de la magistrature.

Notre conclusion est donc celle-ci : L'infanticide, depuis 1901, a cessé d'être un crime spécial pour tous les coupables ; le fait principal est désormais un meurtre simple ou aggravé par la préméditation (assassinat) et l'excuse est constituée par la double circonstance que la victime est un nouveau-né et que l'accusée en est la mère.

Dès lors, sous l'empire de la loi nouvelle dont l'esprit est absolument contraire à celui du Code de 1810 et qui voit une raison d'indulgence dans ce qui constituait autrefois un

motif de sévérité, quelle idée doit-on se faire de la novi-natalité ? Quel cas faire désormais de toute l'ancienne interprétation doctrinale et jurisprudentielle, de celle même que
nous avons adoptée? Si cette question n'a aujourd'hui aucune
importance pour l'étranger infanticide qui encourt les peines
de droit commun, elle en a une très grande pour la mère
qui, poursuivie pour ce crime, est légalement excusée et profite
d'un système de peines d'un degré inférieures aux peines
ordinaires et que les circonstances atténuantes peuvent abaisser
à un minimum de deux années d'emprisonnement.

Nous croyons que la loi nouvelle a modifié implicitement
le sens de l'expression et voici pourquoi : les deux causes de
justification que l'exposé des motifs donne à l'excuse nouvelle sont la crainte du déshonneur pour la fille-mère et l'état
morbide pour la femme en couches en général. Dans le cas
d'homicide d'un nouveau-né par sa mère, ces deux motifs
d'excuse seront par suite ou l'un ou l'autre ou tous les deux
légalement présumés au grand profit de la coupable. Mais,
quand sera-t-il permis de dire que le crime a été commis sur
un nouveau-né, non sur un enfant ordinaire et quel sera ce
nouveau-né ?

Si, d'abord, il est un moment où la fille-mère est profondément troublée, apeurée par la vision de son honneur perdu,
s'il est un instant où le désespoir l'étreint et l'écrase, c'est
celui où elle voit sortir de son sein le témoin incorruptible
de sa faute, c'est le moment même de l'accouchement. C'est
bien aussi à ce seul moment que la femme se trouve dans cet
état très particulier de maladie, causé par l'épuisement de
son organisme, par les douleurs souvent très longues et très
vives de l'enfantement, et qui s'accompagne parfois de trou-
bles nerveux plus ou moins graves : le domaine des deux
motifs d'excuse est donc dans le moment de la naissance. De

plus, lors de la discussion de la loi, on proposa plusieurs fois de substituer à l'expression « enfant nouveau-né » celle de « enfant au moment de sa naissance ». Ces propositions furent, il est vrai, écartées et il semble même résulter des paroles prononcées au cours des débats que le législateur a voulu maintenir l'interprétation donnée par la jurisprudence à l'expression qu'il conservait. Mais l'esprit des propositions repoussées demeure, car, et c'est là notre conviction, le législateur semble, d'après les travaux préparatoires, n'avoir pas vu l'influence de son atténuation de peine sur la notion du « nouveau-né » et la jurisprudence qui y était attachée, et s'être occupé surtout de ne pas bouleverser outre mesure la matière par l'adoption d'un nouveau terme.

Le nouveau-né n'est donc plus aujourd'hui celui autour de la naissance duquel la notoriété n'est pas encore faite, celui qui n'est pas entouré des garanties communes, comme on disait sous l'empire du Code. C'est l'enfant que sa mère tue sous l'influence de la crainte du déshonneur ou d'un état morbide, sentiment et état qui diminuent la criminalité de l'acte et ne peuvent se rencontrer que dans la période d'enfantement. C'est donc l'enfant au moment précis de sa venue au monde et c'est pourquoi l'expression « au moment de la naissance », plusieurs fois proposée, aurait tout à fait cadré avec l'esprit de la loi nouvelle. Comment limiter ce moment ? Certes, ce n'est guère possible, car il variera de durée suivant les circonstances et cette question n'en restera pas moins, comme autrefois, parmi les questions de fait abandonnées à l'appréciation du jury. Ce qu'il y a de certain, croyons-nous, c'est qu'aujourd'hui la notion de nouveau-né se trouve considérablement restreinte. Les jurés ne devront tenir aucun compte de la notoriété de la naissance ; les anciennes solutions proposées par la médecine légale et la doctrine, les divers arrêts et précédentes indications de la jurisprudence perdent désormais toute valeur.

Pour nous résumer, nous dirons donc que le nouveau-né est aujourd'hui l'enfant à un moment quelconque de la période d'enfantement.

On peut juger par là de l'importance du rôle de l'expert qui, après avoir répondu à la question délicate de vie, après avoir établi les causes de la mort, devra fixer le moment de la naissance et évaluer le temps pendant lequel l'enfant a réellement vécu ; ces dernières déclarations, combinées avec la durée normale de l'accouchement, permettront aux jurés de prendre parti en toute conscience sur la question de novinatalité.

On peut regretter que le législateur n'ait pas cru devoir faire la distinction entre la mère légitime et la mère illégitime et que, suivant les simples indications qui lui furent données à la séance du 26 juin 1900 par l'honorable M. Martin, il n'ait pas adopté la définition suivante : « L'infanticide est le meurtre ou l'assassinat d'un enfant nouveau-né par sa mère illégitime » ; ou bien que, maintenant la rédaction actuelle de l'art. 300, il n'ait pas, dans l'art. 302, fait bénéficier uniquement la mère illégitime de l'abaissement de la pénalité. Il y avait cependant bien des raisons pour cela : d'abord les infanticides commis par la mère légitime sont extrêmement rares car les femmes mariées s'y prennent d'avance, surtout dans les villes, et recourent plutôt à l'avortement. De plus, lorsqu'elles veulent se débarrasser de leur enfant, il leur est impossible de le faire au moment précis de la naissance, entourées qu'elles sont de leur famille, du médecin ou de la sage-femme ; leur crime portant donc généralement sur un enfant qui a cessé d'être nouveau-né n'est plus un infanticide. Enfin, quand, par hasard, elles tombent sous le coup de l'art. 300, on ne trouve pas, pour les excuser, ce grand facteur de l'infanticide : la crainte du déshonneur. L'une y aura été poussée par la misère ou le désir de détruire la preuve de son adultère ; l'autre, veuve celle-là, aura voulu faire disparaître le fruit de relations naturelles : mais toutes auront prévu les conséquences de leur faute et n'auront pas, comme la fille-mère séduite, le prétexte de leur inconscience ([1]). Les motifs d'indulgence qu'on a fait valoir, au cours des travaux préparatoires, pour justifier l'abaissement de pénalité quant à la mère, abandon, affolement, crainte du déshonneur, ne s'appliquent donc réellement qu'aux mères illégitimes. On a bien fait valoir aussi l'état de maladie de la mère en général, au moment de l'accouchement, état qui diminue sa responsabilité. Nous avons vu que la science se refuse formellement à reconnaître l'existence de la folie puerpérale, vrai délire passager, qui aurait pour effet d'enlever à la femme en couches toute sa responsabilité. Il existe pourtant d'une façon indéniable et dans la majorité des cas, un état morbide, résultat de l'accouchement, qui doit certainement être considéré *comme une circonstance atténuante* de la criminalité, mais qui ne peut pas à lui seul, croyons-nous, justifier une excuse. Excuser donc pour cette seule raison la mère légitime, comme le fait la loi de 1901, est aller beaucoup trop loin. La véritable et seule excuse de l'infanticide est dans la crainte du déshonneur et comme ce sentiment ne se rencontre, en principe, que chez la mère illégitime, nous croyons que le législateur aurait dû établir uniquement pour elle son excuse légale, laissant au jury le

---

([1]) On pourra même trouver sur le banc des assises *une femme mariée*, ayant déjà plusieurs enfants, une mère légitime qui n'a tué que pour se dispenser des devoirs et soucis de l'éducation de son enfant ou pour s'assurer une succession !

soin de se prononcer sur l'état morbide de la mère légitime, en tant que circonstance atténuante.

Pratiquement, grâce au fonctionnement de l'art. 463, grâce aussi à l'indépendance absolue dont il jouit dans ses réponses aux questions qui lui sont posées, le jury pourra toujours punir plus sévèrement la mère légitime : il n'en est pas moins regrettable de constater une erreur de la loi et l'infériorité de son texte par rapport à celui de la plupart des lois étrangères, qui, comme nous le verrons, ont réservé leur indulgence à la mère illégitime seule.

Aux termes de l'art. 302, la mère, poursuivie comme auteur principal, encourra une peine atténuée et ses co-auteurs et ses complices seront punis des peines ordinaires du meurtre et de l'assassinat, sans jamais pouvoir se réclamer, conformément aux texte formel de l'art. 302 *in fine,* de l'atténuation de la peine principale.

D'autre part, si la mère est poursuivie comme simple complice, la peine atténuée devra encore lui être appliquée, l'auteur principal, le co-auteur et les autres complices, s'il y en a, restant passibles des peines de droit commun.

Cela constitue une double et importante dérogation aux règles posées par le Code dans son art. 59, sur la complicité. « Les complices d'un crime ou d'un délit, y est-il dit, seront punis de la même peine que les auteurs mêmes de ce crime ou de ce délit, sauf le cas où la loi en aurait disposé autrement ». Ce n'est bien, il est vrai, qu'une égalité de droit ; c'est la peine applicable à l'auteur principal, et non la peine réellement appliquée qui détermine celle qui peut être infligée au complice ; le juge peut du reste tenir compte du degré de responsabilité de chacun, et, dans les limites du maximun et du minimum, appliquer en fait des peines différentes à l'un et à l'autre, frapper d'une peine moins forte tantôt le

complice, tantôt l'auteur principal. Mais, le principe émis par
l'art. 302 est absolument contraire ; c'est une inégalité de
droit qui d'ailleurs n'empêchera pas l'égalité de fait. Bien
plus, outre qu'elle contrarie le jeu légal de la complicité,
cette disposition de l'art. 302 déroge aux règles admises en
cette matière par la jurisprudence, qui, dans certains arrêts
et par interprétation de l'art. 59 du Code pénal, a décidé que
le complice doit bénéficier des motifs d'atténuation inerits
par la loi en faveur de l'auteur principal et qu'il encourra
une peine forcément mitigée. Exemples : les arrêts de cassation des 20 juin 1861, 18 octobre 1882 et 8 août 1895 décident
que l'excuse légale (atténuante générale) de provocation,
reconnue en faveur de l'auteur principal, doit profiter au
complice, bien qu'il n'ait pas lui-même été provoqué (¹).

Cependant, conformément à cette même jurisprudence
qui admet que les circonstances aggravantes personnelles à
l'auteur principal rejaillissent sur le complice lequel subit forcément l'aggravation de peine (exemples : arrêts de cassation
des 5 janvier 1854, 18 mai 1865, 23 août 1877, si l'auteur
principal a agi avec préméditation) (²), la mère, poursuivie
comme complice d'un infanticide prémédité, subira les conséquences légales de la qualification principale, c'est-à-dire
qu'elle sera passible de la peine de l'assassinat abaissée toutefois d'un degré en raison de l'excuse légale atténuante qui
lui est personnelle.

Si le jury admet les circonstances atténuantes au profit de
l'étranger reconnu coupable, ce dernier, en vertu de l'art. 463,
peut n'encourir que les travaux forcés à temps ou un minimum
de cinq ans de réclusion.

L'effet de ces circonstances atténuantes est plus considéra-

(¹) V. Garçon, *Code pénal annoté*, sous art. 59 et 60.
(²) V. *idem.*

ble quant à la mère : le minimum dont elle peut bénéficier est de cinq ans de réclusion en cas de préméditation et, dans le cas de simple meurtre, de deux années d'emprisonnement. Ce dernier minimum est certainement très satisfaisant et la loi ne pouvait guère se montrer plus indulgente sans faillir à son rôle; une trop grande sévérité aurait d'ailleurs été un obstacle à la réalisation de son vœu qui était d'assurer la répression. Mais nous verrons, dans notre conclusion, que le législateur aurait pu faire davantage dans un autre sens.

Quoi qu'il en soit, cette peine de l'emprisonnement permet à la mère de bénéficier de la clémence de la cour d'assises qui peut et doit même, — c'est le vœu qui fut plusieurs fois formulé au cours des travaux préparatoires de la loi nouvelle, — lui faire une large application de la loi si humaine du 26 mars 1891 sur l'atténuation et l'aggravation des peines.

Enfin, la tentative d'infanticide est considérée et punie comme le crime lui-même, conformément à l'article 2 du Code pénal.

CHAPITRE VIII

QUALIFICATIONS SUBSIDIAIRES ET POURSUITES CORREC-
TIONNELLES

Nous avons dit, sans approfondir cette question qui ne rentre pas dans notre sujet, combien était délicate et difficile
la mission de l'expert en matière d'infanticide. Il est, dans
quelques affaires, malaisé, parfois même impossible d'arriver à la preuve complète du fait matériel de meurtre, de
sorte que des poursuites primitives pour infanticide aboutis-
sent à des inculpations moins graves qui ont pour effet d'ame-
ner l'accusé devant la police correctionnelle (¹). Par exemple,
si l'expertise médico-légale ne peut pas établir que l'enfant
a vécu ou ne peut relever sur son corps aucune trace positive
de violences, les juridictions d'instruction relèvent fréquemment contre le prévenu le délit de suppression d'enfant, art.
345, § 3 du Code pénal, à la condition, bien entendu, d'avoir
réuni les éléments constitutifs de cette infraction. Dans certains cas, un nouveau-né a été trouvé mort dans une rue,
dans un bois..., etc..., — espèces très fréquentes, — et la
médecine légale ne peut pas discerner l'acte homicide : l'instruction conclura alors à un abandon d'enfant, délit prévu et
puni par l'art. 349 d'une peine correctionnelle. Elle poursui-

(¹) Garçon, *loc. cit.*, p. 708 et 709 ; Garraud, *op. cit.* ; Chauveau et Hélie, *op.
cit., Rép. de Droit français,* v° *Infanticide,* ch. IV, *Pand. franç.,* v° *Infanticide,* p. 93 et s. et p. 99.

vra encore, quoique moins fréquemment, pour inhumation non-autorisée, art. 358, ou pour défaut de déclaration de naissance, art. 346, si l'enterrement du nouveau-né a été précipité ou irrégulier ou si sa naissance n'avait pas été déclarée, dans les délais prescrits (art. 55 du C. civ.); par les personnes présentes à l'accouchement. Si, d'autre part, l'élément intentionnel vient à faire défaut, il y aura lieu à une poursuite pour homicide par imprudence (art. 319).

D'ailleurs, ces divers genres de correctionnalisations, outre qu'ils découlent tout naturellement de l'insuffisance des preuves de l'acte infanticide, sont aussi souvent employés par les magistrats du parquet dans le but d'obtenir une répression plus certaine du crime d'infanticide, bien établie cependant, mais dont les conditions de perpétration auraient probablement assuré l'impunité à son auteur. Cette façon de faire, que nous n'avons pas à critiquer, était courante avant la loi de 1901 et on sait que les deux alinéas ajoutés à l'art. 345 par la loi du 13 mai 1863 ont eu pour but de la faciliter. On se trouvait partout, en effet, en face de jurys qui acquittaient systématiquement parce qu'ils trouvaient le châtiment de l'art. 302 barbare et le minimum de la peine trop élevé. La loi nouvelle n'aura probablement rien changé à tout cela : le jury trouvera encore la sanction trop sévère; il y aura des acquittements injustifiés et des infanticides correctionnalisés.

Les tribunaux correctionnels dont on réclame ainsi la justice n'en conservent pas moins leur indépendance et, s'il résulte des débats que le crime d'infanticide a bien réellement été commis, ils peuvent et doivent même se déclarer incompétents en admettant que le délit dont ils sont saisis a pour fondement le même fait que l'infanticide lui-même; il est bien évident, par exemple, qu'ils ne pourraient pas condamner une femme pour abandon d'enfant s'il est prouvé à l'audience qu'elle l'avait tué. La déclaration d'incompétence laisse d'ailleurs aussi sa liberté entière au parquet qui peut ne pas poursuivre le crime démontré en correctionnelle.

Si les juridictions d'instruction sont souvent obligées, soit par suite de l'insuffisance des preuves, soit pour assurer la répression, de renoncer à la poursuite de l'infanticide, elles peuvent aussi relever, en même temps que ce crime, une seconde infraction. Quoi de plus fréquent, en effet, que de voir traduire une femme en cour d'assises sous la double inculpation d'infanticide et de suppression d'enfant ayant vécu? Nous disons « ayant vécu », car la poursuite simulta-née d'un infanticide et d'une suppression d'enfant n'ayant pas vécu, simple délit correctionnel, serait contradictoire; un arrêt de cassation du 16 janvier 1892 ([1]) a annulé pour cette raison un verdict déclarant à la fois l'existence de ce crime et de ce délit. Si donc une fille, après avoir tué son nouveau-né, a fait disparaître son cadavre, les deux crimes d'infanti-cide et de suppression d'enfant ayant eu vie pourront être déférés cumulativement à la cour d'assises qui devra seule-ment observer la règle du non cumul des peines ([2]). Aupara-vant, le procureur général relevant dans ses réquisitions ces crimes contre le même accusé, la chambre des mises en accu-sation aurait l'obligation de prendre une décision distincte pour chacun d'eux et ne pourrait pas les confondre dans une qualification alternative ne permettant la poursuite que de l'un ou de l'autre, car ces deux infractions ont des éléments constitutifs différents et coexistent sans se confondre : c'est un cumul réel d'infractions ([3]).

([1]) *Bull.*, n. 19.
([2]) En ce sens, Blanche et Garraud, *loc. cit.*, et arrêt de Cass. du 4 août 1842, S., 42. 1. 777.
([3]) Cass., 6 sept. 1883, *Bull. crim.*, n. 232.

Quand, en même temps que l'infanticide, l'accusation a relevé un délit correctionnel n'impliquant pas la contradiction, pas de difficulté : ou bien elle renverra aux assises les deux infractions connexes ou bien, divisant les poursuites, elle saisira respectivement la cour d'assises du crime, et la correctionnelle du délit. Ce second procédé est, paraît-il, le plus usité en pratique comme assurant mieux la répression.

Les débats terminés en cour d'assises, il se peut qu'il en résulte une ou plusieurs circonstances nouvelles susceptibles de modifier l'accusation primitive ou de la présenter avec d'autres caractères ([1]) : le rôle du président des assises est d'examiner alors ces points de vue nouveaux et de poser, s'il y a lieu, au jury des questions subsidiaires. Quelles seront-elles ? Et d'abord, aucun fait nouveau, aucun crime nouveau, distinct et séparé de celui qui a fait la matière de l'accusation ne pouvant faire l'objet d'une question spéciale, il n'est pas possible d'ajouter, comme résultant des débats, une accusation d'avortement à une accusation d'infanticide, ces deux crimes différant par leur nature, leur but et le temps où ils ont pu être commis ([2]). C'est là ce qu'on pensait généralement, avant la loi du 13 mai 1863, de la question subsidiaire de suppression d'enfant ([3]), la doctrine considérant presqu'unanimement que ce crime constituait un attentat contre l'état civil de l'enfant. Mais nous avons dit plus haut que les travaux préparatoires de cette loi prouvaient amplement que l'art. 345 punissait désormais deux crimes : celui de suppression d'état d'un enfant ayant vécu et l'attentat commis contre la personne même d'un enfant ayant eu vie, la

---

([1]) Art. 338 Code d'instr. crim.

([2]) En ce sens, Cass., 30 janvier 1851, D., 51. 5. 147.

([3]) En ce sens, Cass., 19 avril 1839, D., J. G., v° Instr. crim., n. 2505 et 17 juin 1853; Dalloz, 54. 1. 15.

destruction de l'état civil n'étant pas le mobile déterminant de ce dernier crime. L'obstacle qui, avant 1863, empêchait de poser subsidiairement la question de suppression d'enfant, a donc aujourd'hui disparu. Le président des assises peut enfin, sans nul doute, poser, comme résultant des débats, une question d'homicide par imprudence (¹). Mais le jury qui, ayant répondu négativement à la question d'infanticide, déclarerait, sans aucune question de la part de la cour, qu'il y a eu homicide par imprudence, verrait son verdict annulé comme entaché d'excès de pouvoir.

Supposons que l'individu, poursuivi en Cour d'assises pour infanticide, ait été acquitté par le jury : des poursuites ultérieures sont-elles possibles ? Sous quelles qualifications et moyennant l'observation de quelles règles ? De la jurisprudence, d'ailleurs très critiquable, des parquets il résulte que la déclaration de non-culpabilité faite par le jury purge l'accusation, mais ne purge pas le fait lui-même qui peut être repris sous une autre qualification (²) ; la même accusation ne peut pas être reprise en vertu de la maxime « *Non bis in idem* », et il n'y a autorité de chose jugée que relativement au fait, tel qu'il a été qualifié. Il sera donc possible d'intenter l'action publique pour tous les crimes ou délits qu'il eût été impossible de soumettre au jury par une question subsidiaire résultant des débats; exemples : pour suppression d'enfant n'ayant pas vécu, pour inhumation non autorisée, pour abandon d'enfant. Cela ne fait aucun doute, ces infractions étant toutes parfaitement distinctes de l'infanticide.

La qualification subsidiaire la plus fréquemment employée par les parquets, dans les poursuites postérieures à un verdict de non culpabilité pour infanticide, est celle d'homicide

(¹) V. Cass., 6 janvier 1837, Sirey, 38. 1. 252.
(²) Garraud, IV, n. 1610.

involontaire; ce qui se comprend, la volonté criminelle étant l'élément constitutif le plus difficile à établir en cette matière délicate, la mort du nouveau-né pouvant résulter d'une foule d'autres causes. La jurisprudence a eu souvent à se prononcer sur cette poursuite correctionnelle subséquente et en a admis la régularité (¹), malgré quelques arrêts anciens se prononçant en sens contraire mais qui ont perdu aujourd'hui toute valeur. Elle est possible bien que la Cour d'assises se soit refusée à laisser poser la question subsidiaire d'homicide par imprudence (²), et alors même que cette Cour aurait pris soin de motiver son refus en disant que ni l'instruction ni les débats n'avaient fait ressortir ce fait (³). A ce sujet, un arrêt de Limoges du **24 septembre 1863** (cité par *Pandectes*, v° *Infanticide*, p. 99) a déclaré l'irrégularité des poursuites correctionnelles sous cette prévention, parceque, dans l'espèce, il ne s'était produit, dans l'instruction de la cause, aucun fait nouveau de nature à modifier l'incrimination antérieure. Cette jurisprudence n'a pas été suivie.

Un autre arrêt de cassation du 6 janvier **1837** (Sirey, 38. 1. 252) a dit : « La Cour, attendu que l'accusation d'infanticide portée contre la veuve Chemin a été purgée par une déclaration négative du jury ; — que cette déclaration est irrévocablement acquise à l'accusée ; — que la question relative à l'homicide involontaire n'a été posée par le président des assises et n'a pu l'être que comme résultant des débats qui viennent d'être annulés et comme se rattachant à la question principale résultant de l'arrêt de renvoi et du résumé de l'acte d'accusation ; *qu'il n'existe donc plus de base légale à*

(¹) V. en ce sens, Cass., 23 avril 1859, Sirey, 59. 1. 871. — Paris, 11 janvier 1842; Sirey, 43. 2. 88 — Metz, 30 juin 1864, Dalloz, 64. 2. 164.

(²) Cass., 18 avril 1857, *Bull. crim.*, n. 161.

(³) Cass., 3 août 1855. — Sirey, 1856. 1. 82.

*un nouveau débat et que la poursuite se trouve interdite par
la disposition de l'art. 271 Code d'inst. crim.;* déclare qu'il
n'y a lieu de prononcer aucun renvoi..... » Cet arrêt donne,
croyons-nous, une bonne interprétation de cet art. 271 du
C. d'instr. crim. Nous dirons donc : lorsque la réponse du
jury a été négative sur la question d'infanticide et affirmative sur celle subsidiaire d'homicide involontaire, un débat
ultérieur sur la prévention d'homicide par imprudence est
rendu impossible par la cassation de l'arrêt, car ce débat ne
peut plus avoir désormais de base légale.

Dans les cas où ils seront régulièrement saisis, les tribunaux correctionnels conserveront toute leur liberté. Ainsi, ils
pourront renvoyer la prévenue des poursuites et reconnaître
qu'il y a eu non homicide par imprudence, mais infanticide
caractérisé : ils seront alors en contradiction avec le jury,
mais il n'y aura pas violation de la chose jugée et de l'art.
360 du C. d'instr. crim. (¹). Il est bien clair, en effet, qu'il
n'y a point dans ce cas « reprise du même fait », puisque
l'appréciation des juges correctionnels ainsi proclamée ne
peut avoir pour conséquence que l'acquittement ou la condamnation de la prévenue sur le fait d'homicide par imprudence.

Se servant encore, pour faire leur conviction, du rapport
fait par les experts devant la Cour d'assises, ces tribunaux
pourront y puiser la preuve de la mort naturelle de l'enfant et acquitter comme le jury l'avait fait avant eux.

Enfin, un arrêt de la Cour de cassation du 18 avril 1857
(*Bull. crim.,* n. 161), que nous avons déjà cité à d'autres
points de vue, décide qu'il n'y a ni chose jugée, ni contradiction entre la réponse négative du jury sur la question d'in-

_____

(¹) En ce sens, Nancy, 29 juillet 1846 (S., 48. 2. 18). — Metz, 30 juin 1864
(D., 64. 2. 164.)

fanticide et l'arrêt qui condamne la prévenue pour homicide par imprudence de son enfant nouveau-né, alors même que cet arrêt ajouterait que la mort de l'enfant doit être attribuée aux violences constatées sur la face et le crâne, lorsque, d'ailleurs, il prend soin d'expliquer qu'elles sont le résultat soit d'une chute, soit d'un choc contre un corps dur, soit enfin d'une pression involontaire de la part de la mère au moment de l'accouchement.

CHAPITRE IX

LES QUESTIONS A POSER AU JURY

Sous l'empire du Code pénal de 1810, une partie de la doctrine (¹) et la jurisprudence (²) de la Cour de cassation admettaient que l'infanticide était un crime spécial *sui generis*, distinct de l'homicide volontaire et que la qualité d'enfant nouveau-né en était un élément constitutif et non point seulement une circonstance aggravante. Il en résultait qu'il n'y avait point vice de complexité quand, par une même question, le jury était interrogé à la fois sur la volonté de donner la mort et sur la qualité de la victime. Depuis la loi du 9 juin 1853, le président des assises pouvait certainement, suivant les cas, décomposer les principaux éléments du crime d'infanticide par une division de questions dans le but de rendre plus faciles les appréciations et les réponses du jury ; mais cette division n'était que facultative et il ne pouvait résulter aucune nullité de ce qu'elle n'avait pas été faite (³). On admettait aussi que la définition de l'art. 300 du Code pénal n'était pas absolument sacramentelle et exclusive de toute autre spécification réunissant les éléments essentiels et constitutifs du crime d'infanticide (⁴), mais, qu'il était cependant préférable

---

(¹) Blanche, *loc. cit.*, IV, n. 510 ; Chauveau et Hélie, III, n. 1217.
(²) V. *supra* et Cass., 11 mars 1870.
(³) V. Cass., 11 mars 1870 (*Bull. crim.*, n. 62).
(⁴) Même arrêt.

que le président des assises reproduisît la définition légale dans la question posée au jury. Enfin, un arrêt de cassation du 13 mars 1845 ([1]) avait décidé que la question au jury devait énoncer que le meurtre avait été commis sur un enfant nouveau-né ou aussitôt après, sa naissance; un autre, du 6 février 1840 ([2]), que l'attentat était suffisamment précisé par l'âge de l'enfant, par les moyens employés pour commettre le crime et surtout par la date de ce crime.

En résumant ces explications et toute cette jurisprudence, on peut dire que, sous le Code de 1810, était régulièrement posée la question au jury ainsi conçue : « L'accusé est-il coupable d'avoir, tel jour, volontairement donné la mort à un enfant nouveau-né » ?

Mais la loi de 1901 a profondément modifié les art. 300 et 302 et nous avons soutenu qu'elle a fait rentrer l'infanticide dans le droit commun du meurtre et de l'assassinat, aussi bien pour la mère que pour toute autre personne; que le fait principal est un meurtre, aggravé ou non par la préméditation et que l'excuse est constituée par la double circonstance que la victime est un enfant nouveau-né et que l'accusée en est la mère.

De quelle façon le président des assises devra-t-il donc désormais poser les questions au jury? Nous disons : les questions. En effet, diverses hypothèses ([3]) pourront se présenter suivant la qualité de l'accusé, la qualité du complice et la pluralité des auteurs. Nous allons toutes les passer en revue et dire comment, dans chacune, la question au jury devra être rédigée.

Supposons tout d'abord qu'il n'y a qu'un seul accusé et

[1] Dalloz, 45. 4. 125.
[2] Sirey, 40. 1. 654.
[3] V. Garçon, *Code pénal annoté,* p. 710 et 711.

que ce n'est pas la mère. Son crime étant un véritable homicide ordinaire, aucune excuse n'ayant été établie à son profit, la circonstance que la victime est un enfant nouveau-né devient absolument indifférente et la question devra être ainsi posée : « X..... accusé est-il coupable d'avoir volontairement donné la mort à Z..... » ? Si le président des assises trouve que la circonstance aggravante de préméditation résulte des débats, il ajoutera cette seconde question : « X... a-t-il agi avec préméditation » ?

Si la seule accusée est la mère de la victime, une première question relative à l'homicide et ainsi conçue devra être posée : « X..... accusée est-elle coupable d'avoir volontairement donné la mort à un enfant » ? Puis, les circonstances aggravantes et les excuses nécessitant la position de questions spéciales à chacune d'elles, le président des assises demandera au jury de se prononcer d'abord sur la préméditation, si elle résulte des débats, puis sur l'excuse. Il demandera donc, et dans l'ordre : 2° « X... a-t-elle agi avec préméditation ? » ; 3° « La dite X.... était-elle la mère de l'enfant homicidé, lequel était nouveau-né ? » Ajoutons que l'accusée a le droit d'exiger qu'on soumette au jury l'excuse légale atténuante établie en sa faveur ; c'est ainsi qu'une mère poursuivie pour meurtre ou assassinat sur la personne de son enfant peut demander que le jury soit interrogé sur le point de savoir si cet enfant était nouveau-né.

Supposons maintenant plusieurs auteurs. Une sage-femme et la mère de la victime sont, par exemple, poursuivies comme co-auteurs de l'*assassinat* d'un enfant nouveau-né : deux questions devront être posées pour chacun de ces trois auteurs, l'une relative à l'homicide volontaire, l'autre concernant la préméditation (¹). Enfin, par une cinquième et

(¹) Voir en ce sens, arrêts de Cass. du 23 décembre 1886 et du 12 décembre 1889.

Gauban   9

dernière question, rédigée comme plus haut, on demandera au jury de se prononcer sur l'excuse personnelle à la mère.

Enfin, si la mère est poursuivie avec un auteur étranger, mais comme simple complice, les questions devront être ainsi rédigées : Pour l'auteur : 1° « X.... accusé est-il coupable d'avoir volontairement donné la mort à Z.... » ; 2° « a-t-il agi avec préméditation ? » Pour la mère complice : 1° « V.... accusée est-elle coupable d'avoir aidé ou assisté le nommé X.... dans les faits qui ont préparé ou facilité cet homicide ? » ; 2° « La dite V.... était-elle la mère de l'enfant homicidé, lequel était nouveau-né ? »

Ajoutons que, dans tous les cas et pour chaque accusé, toutes les fois que les circonstances atténuantes sont susceptibles d'être déclarées par le jury, le président des assises doit, à peine de nullité, l'avertir que, s'il pense à la majorité qu'il existe des circonstances atténuantes en faveur d'un ou plusieurs accusés reconnus coupables, il devra en faire la déclaration en ces termes : « à la majorité, il existe des circonstances atténuantes en faveur de tel accusé » (C. instr. crim., art. 341 ; loi du 9 juin 1853). Quelle que soit l'espèce, cette déclaration sera toujours la dernière que fera le jury.

Si l'accusé dépose des conclusions demandant qu'une question spéciale soit posée au jury sur le point de savoir si l'enfant était mort-né, la Cour doit refuser, car la circonstance que l'enfant n'a pas vécu est un moyen de défense au fond, non une excuse légale : le jury résoudra cette question en répondant soit affirmativement, soit négativement à la question principale d'homicide volontaire ([1]).

L'infanticide commis sur deux enfants nouveau-nés ou même jumeaux exige deux questions, car il en résulte deux

---

([1]) En ce sens, Cass., 26 janvier 1855 (Sirey, 55. 1. 318).

crimes distincts : une autre procédure serait entachée du vice de complexité et, par suite, nulle ([1]).

La définition de la loi n'étant pas plus aujourd'hui qu'autrefois sacramentelle, la Cour d'assises, au lieu de poser la question de novi-natalité dans les termes que nous avons indiqués plus haut, peut certainement se servir d'une autre formule. Elle peut, par exemple, interroger simplement le jury sur l'âge de l'enfant au moment de l'homicide, c'est-à dire lui demander de se prononcer sur une simple question de fait : mais, comme c'est par elle que, dans ce dernier cas, doit être tranchée, *en droit*, la question de savoir si l'enfant de *x...* jours est bien, d'après la loi, un nouveau-né, la Cour de cassation peut exercer sur sa décision à cet égard ce pouvoir de contrôle dont elle usa dans les deux célèbres arrêts plus haut cités du 24 décembre 1835 et du 14 avril 1837.

D'un autre côté, si la question est posée dans la forme légale, on sait que la réponse affirmative qui y est faite par le verdict doit être considérée comme irréfragable : l'accusé est donc obligé de se pourvoir en cassation contre l'arrêt d'accusation, s'il veut faire interpréter en droit le sens de l'expression « nouveau-né » ([2]). Nos recherches à ce sujet nous permettent de dire que, depuis la loi de 1901, la Cour de cassation n'a pas eu encore l'occasion de dire quelle doit être aujourd'hui la notion de la novi-natalité. Aussi, sans aucune indication de la part de la jurisprudence, avons-nous été obligé d'émettre, dans cette difficile matière, une opinion personnelle dont la sincérité est le seul mérite.

Notre étude de la législation française ainsi terminée, nous allons aborder les législations étrangères.

([1]) En ce sens, Cass., 18 juillet 1856 (*Bulletin* n° 255).
([2]) En ce sens, Cass., 13 mars 1856 (Dalloz, 56. 1. 221).

TROISIÈME PARTIE

Législation comparée.

L'étude de la législation comparée nous apprend d'abord que, dans aucune nation d'Europe, l'infanticide non prémédité n'est puni de mort. Ce crime est-il commis par un étranger ? Alors, il est généralement réprimé, suivant les circonstances, comme meurtre ou comme assassinat et rentre dans la loi commune. Est-ce la mère, épouse ou fille, qui a perpétré l'infanticide ? Dans cette hypothèse, plusieurs législations admettent que la coupable, sans avoir été en proie à une démence momentanée provoquée par les souffrances corporelles, se trouvait cependant, au moment des affres de l'accouchement, dans un état physiologique de nature à affaiblir le ressort de sa volonté et par suite à diminuer sa criminalité. Peut-être ces lois ont-elles également tenu compte de l'impersonnalité du nouveau-né par rapport à celle dont il tient la vie ; quoi qu'il en soit, elles ont beaucoup abaissé la pénalité, certaines même beaucoup plus que la loi française, et lorsqu'une mère, avec ou sans préméditation, a tué son enfant légitime, naturel ou adultérin, il lui est fait application d'une peine inférieure à celle édictée contre l'assassin ou le meurtrier. Dans ce sens sont conçues les législations cri-

minelles des cantons de Vaud, de Neuchâtel, de Genève ([1]).
Le projet du Code pénal fédéral, destiné à régir la Suisse
entière et actuellement élaboré par le Conseil national, précise avec plus de netteté encore l'intention de considérer la
mère, dans la période voisine de sa délivrance, comme une
semi-responsable. En effet, tandis qu'il porte contre le meurtrier une peine de cinq à dix ans de réclusion, il édicte contre la
mère coupable d'infanticide, sans distinguer si c'est une
femme mariée ou une fille séduite, une peine bien moindre :
« La mère, dispose l'art. 55, qui, au moment où elle se trouvait encore sous l'influence de l'accouchement, aura intentionnellement donné la mort à son enfant, sera punie de la
réclusion jusqu'à six ans ». Constatons en passant que ce projet, en appliquant la même peine atténuée à la femme mariée
et à la fille-mère, ne satisfait pas la raison et commet, comme
notre loi française de 1901, une regrettable confusion. Il est
bien certain, en effet, que pour cette dernière, à l'influence
de l'accouchement se joint un autre mobile déterminant du
crime, la crainte du déshonneur, conséquence de la séduction
contre laquelle la loi la défend mal et des préjugés sociaux.
La femme mariée n'a point la même excuse à sa disposition,
ayant l'expérience de la vie et ne pouvant être poussée à
manquer à ses devoirs par le leurre d'une trompeuse promesse de mariage.

Cependant, la plupart des législations étrangères européennes, — 14 Etats sur 18 la consacrent, — ont fait très
justement la distinction entre l'enfant légitime et l'enfant illégitime. Instituant une présomption de droit au profit de la

([1]) Vaud, art. 218 ; Neufchâtel, Code pénal de 1891, art. 301 ; Genève, art. 257.
Voir d'ailleurs pour le texte des législations étrangères : *Répertoire du Droit
français et Pandectes françaises*, v° *Infanticide* et Sénat, *Documents*, 1899,
annexe n° 35, p. 70.

fille-mère, elles considèrent que l'infortunée a agi sous l'empire d'un sentiment invincible, la crainte de la honte et de la misère, et que par suite elle doit être l'objet d'une pénalité adoucie. Le fait délictueux devient alors un crime spécial et si bien que, dans certains codes, tels les codes allemand et hongrois, la qualification d'infanticide ne s'applique qu'au meurtre commis par la mère sur son enfant naturel nouveau-né. Le Code pénal bavarois de 1813, œuvre de l'illustre criminaliste Feuerbach, est même allé plus loin dans cette voie et a estimé avec raison que l'atténuation de peine ne devait pas profiter aux femmes devenues étrangères au sentiment de l'honnneur, comme les filles publiques et les mères flétries par certaines condamnations.

Enfin, la grande majorité des Codes pénaux étrangers ont sur le nôtre cette grande supériorité qu'ils précisent nettement, chacun à sa manière, les limites extrêmes de la novi-natalité : l'un voit dans le nouveau-né « l'enfant de moins de trois jours », l'autre entend par là l'enfant « qui n'a pas encore cinq jours », un dernier fait cesser cette qualité « vingt-quatre heures après la naissance ». Mais, malgré cette diversité de conceptions, si on peut reprocher à leurs définitions de manquer d'élasticité, ils offrent tous cet avantage d'un texte se suffisant à lui-même et n'ayant nul besoin des lumières de l'interprétation doctrinale et jurisprudentielle qui obscurcit parfois la loi au lieu de l'éclairer.

C'est en nous plaçant à ces divers points de vue que nous allons passer en revue et étudier les textes étrangers.

ALLEMAGNE

Le Code pénal de l'empire allemand fait de l'infanticide exclusivement le meurtre commis par la mère sur son enfant illégitime nouveau-né ; il ne donne pas à la novi-natalité une limite fixe, il voit dans le nouveau-né l'enfant « pendant ou immédiatement après l'accouchement ». Il est remarquable en ce qu'il ne distingue pas entre l'infanticide prémédité et l'infanticide non prémédité. La mère encourt une peine de trois ans de réclusion au moins, laquelle, s'il y a des circonstances atténuantes, peut être abaissée jusqu'à deux années d'emprisonnement (art. 217). Ce minimum est celui de notre loi française.

BAVIÈRE

Nous venons de signaler la disposition curieuse du Code bavarois. Il punit, en effet, de la peine des fers la « fille publique qui a déjà subi une condamnation pour recel de grossesse et d'accouchement » (art. 158), tandis qu'il ne condamne qu'à la maison de force à temps indéterminé « la mère qui donne volontairement la mort à son enfant illégitime nouveau-né et viable » (art. 157). L'enfant nouveau-né est celui qui n'a pas trois jours révolus (art. 159). En cas de récidive, l'infanticide est puni de mort (art. 158 *in fine*).

Il est difficile, croyons-nous, de trouver un texte plus parfait que celui-là. Rien de plus juste d'abord que cette différence de répression suivant la moralité et les antécédents de la coupable ; on comprend très bien que la peine soit aggravée contre la femme dont la perversité est incontestable, qui, loin d'avoir été séduite, a pour métier de séduire et qui ne peut invoquer un trouble ; un moment d'égarement comme excuse de son crime. Ce Code, comme le précédent d'ailleurs, ne voit avec raison dans l'infanticide que le crime commis par la mère et par la mère illégitime ; il ne tient aucun compte, c'est vrai, de la préméditation mais, en n'édictant pas de minimum, il laisse au jury une liberté entière quant à la durée de la peine de la maison de force ; il prévoit heureusement la récidive et la punit de la peine capitale, sévérité très justifiée par le droit de défense sociale; enfin, il arrête d'une façon très précise les limites de la novi natalité. On peut regretter seulement qu'il ait cru devoir faire de la viabilité une condition nécessaire de l'infanticide : outre que, au point de vue doctrinal, ce système est généralement rejeté, il est la cause de grosses difficultés pratiques et surtout d'une grande impunité.

PRUSSE

Nous nous contenterons de citer le texte du Code pénal prussien qui se rapproche des deux précédents, sans toutefois être aussi complet que le dernier : « La mère qui, pendant l'accouchement, ou immédiatement après, ôte la vie à son enfant illégitime, commet un infanticide et sera punie de cinq à dix ans de maison de force » (art. 180).

AUTRICHE

Le Code pénal autrichien, dans son art. 139, distingue entre l'infanticide perpétré par la mère illégitime, qu'il punit de dix à vingt ans de travaux forcés (*carcere duro*) s'il y a commission, de cinq à dix ans seulement s'il y a eu omission intentionnelle des soins nécessaires à l'occasion de la naissance; et l'infanticide consommé par la mère légitime : ce dernier est puni du *carcere duro* à vie, quelle que soit la façon dont la mère a enlevé la vie à son enfant.

Ce qui frappe dans cette disposition, c'est la sévérité de la peine édictée contre la mère illégitime. L'Autriche a certainement le mérite d'avoir inscrit, dès 1803, dans ses lois, le principe de l'abaissement de la pénalité en faveur de la mère illégitime et de l'avoir consacré, de nouveau, dans le Code de

1852 ([1]); mais, à cette excuse atténuante, elle aurait dû joindre une peine plus douce : nous doutons que la pénalité édictée soit appliquée d'une façon rigoureuse. La distinction entre l'infanticide par commission et l'infanticide par omission et la diversité de répression qui en découle ne paraît pas rationnelle; il n'est pas possible, en principe, de voir plus de criminalité dans un acte que dans une abstention : ce n'est ni juridique, ni vrai. Un système répressif ne doit considérer que la volonté sans s'attacher aux différentes formes que peut revêtir l'acte qu'elle produit : une inégalité regrettable et injuste dans la répression peut seule être le fruit d'une telle conception. Pourquoi, de plus, ne pas laisser dans le droit commun de l'homicide le crime commis par la mère légitime et ne pas lui appliquer la peine ordinaire? La spécialisation de l'infraction ne se comprend plus dans ce cas, la peine du *carcere duro* à vie ne s'explique pas non plus : en effet, ou cette femme a froidement tué son enfant dans le but bien arrêté de se soustraire aux soucis et charges de la maternité et alors son acte, odieux et cruel, mérite d'être châtié plus sévèrement que l'assassinat lui-même, ou le délire puerpéral, si on l'admet, a guidé son bras et l'a rendue pleinement irresponsable de son crime !

HONGRIE

Dans le Code pénal hongrois, la qualification d'infanticide ne s'applique qu'au meurtre commis par la mère sur son enfant naturel nouveau-né. « La mère qui tue intentionnellement son enfant né hors mariage, au moment de sa naissance ou immédiatement après, sera punie au maximum de cinq ans de réclusion », dont le minimum est de six mois,

---

([1]) V. Garraud, *loc. cit.*, p. 555, note 17.

(art. 284) (¹). On ne peut manquer de remarquer l'indulgence de cette répression, qui doit certainement donner de très bons résultats.

BELGIQUE

En Belgique, l'art. 396 du Code pénal de 1867 porte : « Est qualifié infanticide le meurtre commis sur un enfant au moment de sa naissance ou immédiatement après. Ce crime sera puni, suivant les circonstances, comme meurtre ou comme assassinat. Si l'infanticide a été commis par la mère sur son enfant illégitime, il sera puni des travaux forcés de dix à quinze ans. Si le crime a été prémédité avant l'accouchement, il sera puni des travaux forcés de quinze à vingt ans ». Cette définition rappelle beaucoup celle de notre loi française de 1901 : la préméditation rentre comme rouage principal dans le fonctionnement juridique de l'infanticide. Mais, plus avisé que le nôtre, le législateur belge a donné un sens précis à la novi-natalité et a compris que la mère illégitime seule méritait de bénéficier de l'excuse atténuante. On peut s'étonner cependant qu'admettant une excuse il ait cru assez faire en donnant à la peine des travaux forcés un minimum de dix années. Ce minimum est beaucoup trop sévère et, s'il est vrai qu'avant la législation de 1867 la moitié des femmes poursuivies pour infanticide étaient acquittées, il faut avouer que cette législation n'a pas pris le moyen de faire cesser ces nombreux acquittements.

ESPAGNE

L'art. 336 du Code pénal espagnol de 1850 est ainsi conçu : « La mère qui, pour cacher son déshonneur, tue son enfant âgé de moins de trois jours, sera punie de la peine de la

---

(¹) V. le *Code pénal hongrois*, p. 112, par Martinet et Daresse.

prison mineure. Les ascendants de la mère qui, pour cacher
le déshonneur de celle-ci, commettent ce délit, seront punis
de la peine de la prison majeure. Hors ce cas, celui `qui tue
un enfant nouveau-né encourra les peines de l'homicide ».
Il est difficile d'être plus indulgent pour l'infanticide ! Dans
les deux cas, il n'est plus qu'un simple délit, puni par suite
de la prison correctionnelle en ses degrés moyen ou supérieur et de la prison majeure, peines très douces ! Si douces
même, qu'au cours des travaux préparatoires de la loi de
1901 ce texte fut cité tour à tour par MM. Martin et Aucoin
comme exemple presqu'incroyable des faiblesses qu'un
législateur peut avoir pour un crime grave ! Les criminalistes espagnols considèrent d'ailleurs aujourd'hui avec
raison, que si, lors de la réforme du Code de 1850, il a été
tenu un juste compte de ce qu'il peut y avoir d'atténuant
dans la situation d'une mère qui veut cacher son déshonneur
et si on a bien fait de ne pas la punir des peines ordinaires,
mort et chaîne perpétuelle, on est allé trop loin dans la voie
de l'indulgence. Remarquons que, d'après ce texte, si la victime a trois jours, il n'y a plus qu'un homicide ordinaire ; il
en est de même si la mère a commis son crime sous l'influence d'un autre sentiment que la crainte du déshonneur :
l'état morbide du temps de l'accouchement n'a pas paru
suffisant au législateur espagnol pour constituer un des
motifs de l'excuse. L'excuse, et ceci est curieux, profite aux
ascendants maternels auteurs du même crime ; cependant,
l'extension à des tiers, même à des parents, du traitement de
faveur accordé aux filles-mères ne se justifie pas.

Dans le projet du Code pénal de 1885, la peine n'est atténuée que si l'enfant n'est pas encore âgé d'un jour et elle
se meut entre deux ans et un jour de prison et six ans. Les
ascendants de la mère sont punis de six ans et un jour à
douze ans de préside (art. 470 du projet).

DANEMARK

Le Code pénal danois, par le mot « volontairement » introduit dans le texte, requiert expressément la volonté criminelle, l'*animus necandi*, ce qui était inutile, à moins qu'il ne veuille faire entendre par là qu'il y a pour lui des cas de responsabilité atténuée et d'irresponsabilité complète ; cependant, il ne crée même pas d'excuse et se contente de châtier plus ou moins sévèrement le crime, suivant qu'il a été ou non prémédité. Comme la plupart des autres codes, il ne fait de l'infanticide que le meurtre commis par la mère illégitime. Il le punit d'ailleurs assez durement : deux à douze ans de travaux forcés, s'il n'a pas été prémédité ; quatre ans de la même peine, à travaux forcés à perpétuité, si la préméditation est établie. Mais son système de peine, en cas de préméditation, est très large et, par suite, très pratique.

NORVÈGE

Le Code norvégien de 1889, comme le Code bavarois, se distingue des autres Codes européens, en ce qu'il prévoit et punit expressément la récidive vis-à-vis de laquelle il se montre cependant moins sévère : trois à quinze ans de travaux forcés. Il punit de trois à neuf ans de la même peine la mère qui « immédiatement ou dans les vingt-quatre heures qui suivent la naissance », tue son enfant illégitime. Si la mère de cet enfant s'est mise intentionnellement, lors de l'accouchement, dans une position qui la prive de tout secours, ou si elle a négligé de demander les secours nécessaires, elle est punie de la prison ou des travaux forcés jusqu'à six ans, quand l'enfant meurt sans qu'on puisse attribuer sa mort à une autre cause.

Nous voyons encore apparaître la distinction entre l'infan-

ticide par commission et l'infanticide par omission : nos critiques de tout à l'heure trouvent donc encore ici leur place.
La novi-natalité est bien comprise et aussi nettement définie
que possible. Le système des peines est assez bon ; nous
croyons cependant que le minimum de trois années de travaux forcés est trop faible en cas de récidive.

PAYS-BAS

Le Code des Pays-Bas a une législation très abondante
sur l'infanticide. La voici :

Art. 290. — La mère qui, sous l'impulsion de la crainte
que son accouchement ne soit découvert, ôte intentionnellement la vie à son enfant, au moment de la naissance ou peu
de temps après, est punie, comme coupable d'infanticide,
d'un emprisonnement de six ans au plus.

Art. 291. — La mère qui, en exécution d'une résolution
prise sous l'empire de la crainte que son accouchement prochain ne soit découvert, ôte intentionnellement la vie à son
enfant au moment de la naissance ou peu de temps après, est
punie, comme coupable d'assassinat commis sur un enfant,
d'un emprisonnement de neuf ans au plus.

Art. 292. — Les délits spécifiés aux deux articles qui précèdent sont, en ce qui concerne les complices, considérés comme
meurtre ou comme assassinat (¹).

Donc : notion fondamentale de la préméditation, spécialisation de l'infanticide, qu'il soit commis par la mère illégitime ou par la mère légitime, refus du bénéfice de l'excuse
aux complices de la coupable. Ce sont aussi les idées maîtres-
ses de notre loi française. Nous croyons ce texte défectueux
en ce qu'il ne fixe pas le minimum de la peine qui peut ainsi

---

(¹) V. le Code pénal des Pays-Bas, traduit et annoté par Wintgens, p. 77 et 78,
et les Codes néerlandais, traduits par Tripels, p. 698.

descendre jusqu'à zéro et surtout parce qu'il comprend dans sa grande indulgence la mère criminelle quelle qu'elle soit. Il semble pourtant que, théoriquement, la mère susceptible d'obéir à la crainte que son accouchement ne soit découvert ne peut être que la mère illégitime et que le législateur hollandais aurait dû la faire bénéficier seule de son indulgence. La pénalité est douce et doit donner de bons résultats ; on pourrait cependant souhaiter plus élevée et accompagnée d'un minimum fixe et justement sévère, la peine de l'emprisonnement en cas de préméditation.

Les lois italienne et portugaise, comme la législation espagnole, vont très loin dans l'appréciation du mobile du crime qui préside au meurtre des enfants naturels et elles décident que certaines personnes, autres que la mère, peuvent bénéficier d'une atténuation lorsqu'elles ont agi dans l'intérêt de la malheureuse et en vue de la soustraire à la honte.

ITALIE

L'art. 369 du Code italien de 1889 est ainsi conçu : « Quand le délit prévu à l'art. 364 (le meurtre) est commis sur la personne d'un enfant non encore inscrit sur les registres de l'état civil et dans les cinq premiers jours de sa naissance, pour sauver l'honneur du coupable ou l'honneur de sa femme, de sa mère, de sa descendante, de sa fille adoptive, ou de sa sœur, la peine est la détention de trois à douze ans ».

C'est certainement pousser trop loin l'indulgence ; une semblable disposition nous paraît dangereuse pour la vie humaine, puisque, sous prétexte d'honneur à sauvegarder, elle permet au coupable d'accomplir son crime avec la certitude d'une impunité relative. La peine, au lieu d'être de dix-huit à vingt-et-un ans, comme pour l'homicide ordinaire, n'est en effet que de trois à douze ans de détention, et

pour peu que le jury admette des circonstances atténuantes
puisées dans la misère, l'état morbide du temps de l'accouchement, on doit arriver facilement à l'impunité absolue.
La clémence du législateur italien est d'autant moins com-
préhensible que l'enfant dont il s'agit ici de défendre la vie
est celui « non encore écrit sur les registres de l'état civil et
dans les cinq premiers jours de sa naissance »; ce n'est plus
cet être sanguinolent du moment de l'accouchement, qui ne
compte pour ainsi dire pas aux yeux de la mère malade et
endolorie et que le moindre geste d'énervement ou de répul-
sion peut détruire! L'amour maternel a eu le temps de
s'éveiller, l'impulsion criminelle a fait place à la raison :
la répression devrait donc être plus dure. Ajoutons, pour terminer, que cette législation est une de celles, rares à la vérité,
qui basent le caractère spécial de l'infanticide uniquemen
sur la qualité de la victime.

PORTUGAL

Le texte du Code portugais de 1886 est ainsi rédigé : Art.
356. — « Celui qui commet le crime d'infanticide, en tuant volontairement un enfant au moment de sa naissance ou dans les
huit jours suivants, est puni, soit de la prison majeure cellulaire pour huit ans, suivie de vingt ans de déportation avec
ou sans emprisonnement jusqu'à deux ans, soit de la peine
fixe de vingt-huit ans de déportation avec un emprisonnement de huit à dix ans dans le lieu de la déportation.

» Si l'infanticide est commis par la mère pour cacher son
déshonneur ou par les aïeuls maternels pour cacher le
déshonneur de la mère, la peine est, soit la prison majeure
cellulaire de deux à huit ans, soit la prison majeure à temps ».

Art. 357. — « Dans les deux cas, s'il y a d'autres circonstances aggravantes, on applique les règles générales.

Ce texte rappelle beaucoup le texte espagnol. On peut lui reprocher de reculer trop loin les limites extrêmes de la novi-natalité et de comprendre ainsi dans l'infanticide de véritables cas d'homicide ordinaire qui ne devraient pas bénéficier de l'adoucissement de peine. La spécialisation de l'infanticide repose encore ici exclusivement sur la qualité de la victime et l'excuse est constituée par ce fait que l'auteur du crime est ou la mère de l'enfant agissant pour sauver son honneur, ou un aïeul maternel agissant pour cacher le déshonneur de la mère : nous avons dit déjà que l'extension à des tiers, même à des parents, du traitement de faveur accordé aux filles-mères, ne se justifie pas, et qu'on ne comprend guère mieux pourquoi les femmes mariées en profiteraient.

RUSSIE

Le Code pénal russe de 1845, ordinairement très sévère, se montre particulièrement indulgent (art. 1451) pour la mère illégitime infanticide : Dans un premier paragraphe, il édicte la peine des travaux forcés dans les mines, abaissée de trois degrés contre le meurtre d'un enfant naturel, s'il a été commis par la mère, par honte ou par crainte, au moment même de la naissance, à moins cependant qu'il ne soit prouvé qu'elle a déjà commis antérieurement le même crime. Dans un second paragraphe, il décide que, si un semblable infanticide n'a point été prémédité, la coupable, spécialement si elle est non mariée et accouche pour la première fois, est punie de la perte de tous ses droits civiques et de la déportation dans une des contrées plus ou moins reculées de la Sibérie.

Il est difficile de différencier nettement ces deux dispositions, la seconde ne paraissant être que la répétition de la

Gauban   10

première. On ne peut supposer qu'une chose, c'est que le législateur russe a voulu punir dans l'une l'infanticide prémédité, et dans l'autre l'infanticide non prémédité ; et encore ceci n'est-il pas sûr, le premier alinéa parlant du « meurtre d'un enfant naturel ». Quoi qu'il en soit, ce Code voit dans « la honte ou la crainte » du moment de l'accouchement un motif suffisant d'excuse pour la mère illégitime qui, « pour la première fois », tue son enfant « au moment même de la naissance ». Rien de plus juste. La conception restreinte de la novi-natalité est bonne et il agit sagement en punissant des peines ordinaires de l'homicide la récidive de ce crime.

Le nouveau projet de Code pénal (art. 8) abaisse encore la peine, car il édicte la maison de correction contre la mère qui tue volontairement son enfant illégitime, immédiatement après sa naissance.

FINLANDE

Le Code pénal finlandais de 1889 est remarquable par la triple disposition qu'il consacre à l'infanticide.

Dans un premier paragraphe, il punit de deux à dix ans de réclusion, les complices restant soumis au droit commun, l'infanticide même simplement tenté, commis, soit par commission, soit par exposition, soit par omission, par la femme « devenue enceinte par suite de relations illicites ».

Le deuxième paragraphe punit à tort de la seule peine de l'homicide involontaire la femme légitime infanticide par omission. De telle sorte que de deux femmes coupables des mêmes négligences envers leurs enfants nouveau-nés, la mère légitime est celle qui est punie le moins sévèrement ! On ne voit pas très bien pourquoi.

Enfin, la disposition vraiment originale de ce Code est

celle du paragraphe troisième. Il y est édicté une amende de
300 marcs au plus ou un emprisonnement de trois mois au
plus :

1° Contre le père, la mère, le maître ou la maîtresse de
maison qui, sachant qu'une femme qui demeure chez eux et
qui est sous leur autorité est devenue enceinte par suite de relations illicites, auront négligé, lors de son accouchement, de lui
donner les soins que réclamait son état et qui auront par là
causé involontairement la mort de l'enfant nouveau-né ;

2° Contre le séducteur si, connaissant la grossesse de la
femme et son manque de ressources, il l'a laissée sans secours,
de sorte qu'en conséquence l'enfant nouveau-né soit mort ou
ait été exposé.

Cette obligation de soins et secours imposée aux parents,
aux maîtres et même au séducteur est très rationnelle, et on
comprend fort bien que la loi finlandaise crée une répression
spéciale destinée à la faire respecter. Mais il est permis de
penser que l'application de ces deux dernières dispositions
doit rencontrer dans la pratique des difficultés considérables
quand il s'agit de trouver le véritable séducteur et de prouver contre lui la séduction. Quoi qu'il en soit, la naissance
des nouveau-nés ne sera jamais entourée de garanties assez
sérieuses et on est heureux de constater que ce code a une
juste notion des diverses responsabilités et une grande solli-
tude pour l'enfance.

SUÈDE

Le Code pénal suédois de 1864 consacre quatre très longs
articles de son chapitre XIV à la répression de l'infanticide.
Sans les transcrire ici ([1]), nous pouvons dire que toutes les

---

([1]) V. pour le texte, *Pand. franç.*, v° *Infanticide*, p. 101 et les Codes suédois,
traduits et annotés par R. de la Grasserie, p. 156 et 157.

formes de ce crime y sont minutieusement analysées et que, d'une façon générale, ce Code se montre d'une extrême indulgence pour « la femme devenue enceinte par suite de relations illégitimes ».

La vraie peine est celle de l'art. 22 : « deux à six ans de travaux forcés, et lorsque les circonstances sont très aggravantes, dix ans au plus ». Remarquons ici que la définition de la novi-natalité donnée par le texte est beaucoup trop vague. On sent que le législateur a voulu être précis et il ne l'a certainement pas été. Le texte dit « pendant l'accouchement ou après » : jusqu'où cet « après » va-t-il ?

Les autres peines sont des peines secondaires qui répriment des cas spéciaux d'infanticide ou tout au moins regardés comme tels par le législateur suédois. Ainsi l'art. 23 prononce deux ans au plus de travaux forcés contre la simple tentative, l'exposition, l'omission, si la mort de l'enfant n'en est pas résultée ; six mois à quatre ans de la même peine, si une « lésion corporelle » lui a été occasionnée ; enfin, la peine de l'art. 22 si on relève des circonstances aggravantes ; encore dans l'art. 24, deux ans au plus de travaux forcés pour un cas très extraordinaire d'infanticide dont la rareté n'explique pas pourquoi le législateur s'en est spécialement préoccupé.

La même remarque s'applique à l'art. 25. C'est à la fin de cet article que nous trouvons la viabilité érigée presque en condition nécessaire de l'infanticide. Nous disons presque, car le texte se sert de l'expression « si peu viable ». Nous savons ce qu'il faut penser de cette conception généralement rejetée : il ne fait aucun doute que, pour le jury suédois, la viabilité ne soit une condition *sine qua non* de l'infanticide.

SUISSE

En Suisse, pas de législation pénale uniforme : chaque canton a la sienne. Nous nous bornerons à examiner celles des cantons de Vaud, Neuchâtel et Genève.

Le Code de Vaud, dans son art. 218, punit de deux à quinze ans de réclusion « la mère » qui, volontairement, sans préméditation, tue son enfant, au moyen d'actes de violences ; s'il y a eu préméditation, la peine est une réclusion de quatre à vingt ans.

L'art. 219 prévoit l'infanticide accompli dans des circonstances extraordinaires et lui applique la peine ordinaire de l'homicide.

Le texte de l'art. 220 rappelle beaucoup celui de notre art. 302 en ce que, loin de faire bénéficier de l'atténuation de peine « l'instigateur ou le complice de crime », il le punit de quatre à vingt-cinq ans de réclusion.

Enfin, dans l'art. 221, l'infanticide causé par négligence ou imprudence est assimilé à l'homicide par imprudence et puni comme lui.

Le Code pénal de Neuchâtel de 1891 a une rédaction à peu près similaire. Remarquons cependant qu'il ne s'occupe pas de la préméditation et que, s'il ne fixe pas le minimum de la peine, il établit aussi un maximum moins élevé (dix ans de réclusion). Il fixe à deux ans le minimum de la peine à prononcer en cas de circonstances atténuantes et décide que l'emprisonnement peut, dans ce cas, être substitué à la réclusion. Il s'occupe encore, non du complice, qui reste soumis au droit commun, mais de l'instigateur du crime pour lequel toutefois il se montre moins sévère que la législation précédente. Enfin, dans son art. 303, dans le but d'enlever toutes facilités à la perpétration de l'infanticide, il prévoit le délit de suppression d'enfant et punit la personne qui cèle le cadavre d'un nouveau-né de l'emprisonnement jusqu'à un an.

Le Code pénal de Genève de 1874 est encore rédigé dans le même esprit et sa répression n'est pas plus dure ; toutefois il punit « les autres auteurs ou les complices » comme coupables de meurtre, d'assassinat ou d'empoisonnement, suivant les circonstances.

Somme toute, ces diverses législations ne diffèrent que sur des points de détail ; les mêmes conceptions ont présidé à leur rédaction. C'est ainsi que toutes voient dans le nouveau-né l'enfant « au moment de sa naissance ou immédiatement après », définition que nous avons parfois rencontrée et qui est suffisamment précise. Elles se rapprochent encore en ce qu'elles prévoient textuellement l'infanticide par omission et le punissent à tort d'une peine moins forte, sauf celle du canton de Neuchâtel, qui lui applique celle de l'infanticide par commission. Enfin, et c'est là le point capital, elles commettent l'erreur de confondre dans la même extrême indulgence la femme légitime et la fille-mère : nous ne pouvons que rappeler ici les remarques dont nous avons accompagné le texte du projet du Code pénal fédéral.

ANGLETERRE

L'Angleterre ne fait pas de l'infanticide un crime spécial. Partant de cette idée que le nouveau-né est une personne dès qu'il est sorti vivant du sein de la mère, la loi anglaise ne voit dans ce crime qu'un homicide ordinaire puni, suivant les circonstances, des peines du meurtre simple ou de celles du meurtre aggravé, assassinat. Théoriquement, l'infanticide est donc passible de la peine de mort ; mais, en pratique, elle ne lui a pas été appliquée depuis de longues années.

D'ailleurs, le projet du nouveau Code pénal, présenté au Parlement depuis 1878, propose, dans l'intérêt de la mère en général, une réduction de peine basée, non sur la crainte du déshonneur, dont il ne parle pas, mais uniquement sur l'exaspération des douleurs physiques et le trouble mental du moment de l'accouchement. « La femme, dit l'art. 138, qui donne la mort à son enfant pendant l'accouchement ou immédiatement après, ne sera plus coupable de meurtre, mais seulement d'homicide involontaire, si, au moment du crime, ses douleurs physiques ou mentales lui ont ôté une partie de son libre arbitre » ([1]). L'expert arrivera-t-il à prouver avec certitude cette disparition partielle du libre arbitre ? Il y aura souvent un doute et bien des mères vraiment valides et criminelles en bénéficieront ! Nous doutons que cette législation parvienne à arrêter dans ce pays le flot toujours croissant des infanticides.

Cet examen des législations étrangères, quoique très superficiel, nous montre combien notre Code pénal de 1810 était inférieur aux Codes des autres nations européennes : la loi du 21 novembre 1901 a donc introduit une réforme déjà généralement consacrée, universellement demandée en France, et conforme à l'esprit moderne de la répression.

Il est bien certain que, comme le nôtre, le législateur étranger n'a été amené à abaisser la pénalité en matière d'infanticide que parce que les jurys ou tribunaux se refusaient systématiquement à appliquer une peine trop sévère et que, dans son esprit, à côté de l'indulgence que mérite la fille-mère coupable, il y avait le désir prédominant d'assurer la

---

([1]) *Pandectes françaises*, p. 99, et Stephen, *New commentaries on the laws of England*, IV, p. 70, chap. IV.

répression. Il eût été intéressant de constater, pour quelques pays à la législation particulièrement clémente, la statistique de l'infanticide, ce qui nous aurait permis de prévoir par analogie les résultats futurs de notre nouveau système répressif, à qui quatre années à peine de fonctionnement n'ont pas permis de donner sa mesure. Mais les matériaux nous ont fait défaut, et nous avons dû nous borner à étudier les textes.

Persuadé, d'ailleurs, comme nous l'avons déjà dit, qu'on ne trouvera jamais dans la répression seule le remède à un mal social tel que l'infanticide, conséquence directe et funeste des préjugés sociaux, nous allons, dans notre conclusion, passer en revue les diverses mesures préventives de nature à diminuer le nombre des infanticides par une protection efficace des filles-mères et des nouveau-nés.

CONCLUSION

Réformes.

La réforme de la loi du 21 novembre 1901 constitue une heureuse amélioration de notre législation pénale sur l'infanticide.

Le Code de 1810, en édictant la peine capitale contre tous les coupables, se montrait beaucoup trop sévère. Sans doute il réalisait un progrès incontestable sur le droit romain et sur notre ancien droit. Sans doute les pénalités atroces et barbares de la *Lex Pompeia de Parricidiis* étaient depuis longtemps abolies, et les sanctions terribles établies par nos anciennes coutumes et par les ordonnances royales, sous l'influence prépondérante des canons de l'Eglise, avaient été rejetées de notre droit pénal et étaient déjà tombées sous les coups de la révolution; il est même indéniable que l'ancien article 302 pouvait paraître humain à côté des coutumes du moyen âge condamnant au bûcher la mère coupable, à côté de la Caroline qui la frappait de supplices horribles, et de l'édit d'Henri II, si odieusement injuste par ses présomptions légales. Mais si, en présence de législations dont la rigueur sans égale semblait fondée beaucoup plus sur l'idée de vengeance sociale que sur celle de justice, la peine capitale simple paraissait clémente, elle était certainement encore beau-

coup trop rigoureuse et ne correspondait ni au principe de la
justice absolue ni aux exigences de l'utilité sociale, idées dont
la combinaison justifie, pour la société, le droit de punir.
Cette sanction était d'ailleurs hors de proportions avec la gravité de l'infanticide, quand il est commis par la mère, et on
ne pouvait trouver, pour l'expliquer, aucune bonne raison :
ni la pensée prêtée au législateur de 1810 de punir d'une
façon exemplaire un crime particulièrement facile à commettre, ni la prétendue et nécessaire existence de la circonstance aggravante de préméditation, ni la raison plutôt senti-
mentale de la barbarie dont fait preuve la mère qui met à
mort son propre enfant, être faible et innocent, rien de tout
cela, nous l'avons vu, ne pouvait justifier une telle rigueur.
La crainte seule de la dépopulation avait peut-être pu guider
la pensée des auteurs du Code pénal. Nous avons déjà mon-
tré à quels résultats avait abouti leur œuvre : le jury, après
comme avant la loi du 25 juin 1824, à la suite même de la
généralisation du système des circonstances atténuantes par
la révision du 28 avril 1832 qui consacre l'abaissement de la
peine à deux degrés, le jury, disons-nous, avait trouvé la
pénalité exorbitante, le minimum, d'ailleurs problématique,
de cinq années de travaux forcés trop élevé et rendu systématiquement des verdicts d'acquittement dans des cas d'infanticides les mieux prouvés.

La loi de 1901 est survenue; après avoir introduit la préméditation dans la définition légale de l'infanticide, elle a
soumis l'étranger coupable aux pénalités de droit commun
et a créé pour la mère, légalement excusée, un système spécial de peines.

Ces dispositions sont excellentes. En cas de préméditation,
la mère infanticide ne méritait pas plus de clémence et, dans
le cas de simple meurtre, nous croyons que le minimum de

deux années d'emprisonnement dont elle peut bénéficier en vertu de l'art. 463, est de nature à faire cesser l'indulgence exagérée du jury et à assurer la répression. Cependant si nous consultons le rapport préface du compte général de l'administration de la justice criminelle en France pour l'année 1902, le dernier qui ait paru, nous y lisons ceci : « La loi du 21 novembre 1901, qui a modifié la pénalité édictée par le Code pénal, à l'égard des crimes d'infanticide, n'a eu, ainsi qu'on peut le constater, aucun effet sur le mouvement des accusations de cette nature. Leur nombre est resté le même qu'en 1901 ». Ce nombre était de 89 en 1900, de 90 en 1901 et 93 en 1902. Et plus loin : « En matière d'infanticide, la loi de 1901, qui, pour assurer d'une manière plus efficace la répression de ce crime, a supprimé la peine de mort édictée par l'art. 302 du Code pénal, n'a pas eu pour effet de mettre un terme à l'indulgence du jury qui n'en a pas moins, comme par le passé, accordé 100 fois sur 100 le bénéfice des circonstances atténuantes aux mères reconnues coupables de meurtre sur leur enfant nouveau-né ». Ces constatations n'ont que peu d'importance, car ce n'est pas sur une seule année d'exercice que l'on peut juger de l'efficacité d'une loi. Toutefois, durant cette année, le nombre des accusations a été de 93, celui des accusés de 97 : sur ces 97 accusés, un seul fut condamné à la réclusion, 37 à plus d'un an d'emprisonnement, 9 à un an et moins de la même peine et 50 furent acquittés. Cette proportion énorme d'acquittements ne se justifie pas par le seul défaut de preuves. Est-elle cependant une preuve en faveur de l'insuffisance du minimum de peine spécial à la mère ? Non ; et, à notre avis, si le jury continue à acquitter d'une façon injustifiée, c'est que l'application de ce minimum reste toujours problématique à ses yeux. Il admet les circonstances atténuantes en matière d'infanticide non pré-

médité. Fort bien. Mais la cour, qui est obligée de prononcer
la réclusion, s'associera-t-elle à son indulgence et appliquera-
t-elle le minimum désiré? Rien de plus incertain et les jurys
acquittent. Nous croyons donc que le législateur de 1901
aurait dû, par une disposition spéciale, obliger la cour à
prononcer la peine de deux années d'emprisonnement, dans
le cas de circonstances atténuantes admises par le jury en
matière d'infanticide non prémédité commis par la mère.

Certains jurisconsultes (¹), dans le but d'assurer la répression de ce crime, ont proposé de le correctionnaliser et de
dessaisir le jury, au moins quand il s'agit du meurtre du
nouveau-né par sa mère illégitime. Nous n'avons pas foi en
cette réforme et croyons que son influence sur l'infanticide
serait désastreuse : « Ce serait, dit à ce sujet le rapport de
M. Martin (²), s'insurger contre une de nos institutions fondamentales, blesser profondément le sentiment populaire du
droit qui a dans le jury son expression avouée. Transformer
en délit le crime d'infanticide, le soustraire aux débats
imposants de la cour d'assises dont la seule vision peut
ramener au droit chemin les consciences égarées, le faire
juger dans le désert d'un petit tribunal, entre deux inculpations de braconnage, de rixes et de tapage, serait en masquer
les périls, en effacer l'horreur ».

Dans notre étude de l'excuse légale établie par la loi nouvelle en faveur de « la mère » nous avons reproché au législateur d'en avoir accordé le bénéfice à la mère légitime qui
n'a, en principe, aucun droit à la clémence de la loi. Notre
opinion n'a pas changé. Nous croyons même qu'il eût été heureux
de voir inscrire dans notre Code une disposition spéciale rela-

(¹) Boulon, thèse 1897 : De l'infanticide, étude morale et juridique; Durand,
thèse 1903, De l'infanticide, commentaire de la loi 1901.
(²) V. J. off., Sénat, Documents, 1899, annexe 35, p. 70.

tive aux femmes devenues étrangères au sentiment de l'honneur, comme les filles publiques et les mères flétries par certaines condamnations. Il en est ainsi dans le Code bavarois de 1813. Il est bien certain, en effet, que la criminalité de ces femmes infanticides ne peut être palliée par aucune excuse. Le législateur aurait pu les soumettre au droit commun du meurtre et de l'assassinat et édicter contre elles, en cas de récidive, une peine minima très sévère.

En résumé, malgré ces quelques lacunes, notre législation actuelle sur l'infanticide peut être considérée comme très satisfaisante. Il est bien certain, toutefois, que pour lutter victorieusement contre ce crime, il ne suffit pas de le bien réprimer, il faut surtout le prévenir. Dans la plupart des cas, il y a des responsabilités qui ne sont pas atteintes; le jury s'en rend très bien compte et cette considération influe conconsidérablement sur ses verdicts. La société doit donc, avant de punir la fille-mère, la secourir et la protéger. C'est pourquoi, criminalistes et sociologues ont fréquemment proposé l'institution de mesures préventives de l'infanticide telles que :

1° Les déclarations de grossesse ;

2' Le rétablissement des tours ;

3⁶ La recherche de la paternité.

Le premier moyen proposé est l'obligation qui serait imposée aux filles-mères de faire la déclaration de leur grossesse.

Nous avons déjà vu que l'Edit d'Henri II de 1556 astreignait les mères naturelles à cette déclaration qui était faite, à Paris, devant les officiers de police compétents, en province, au greffe des tribunaux ou par devant le juge. On sait aussi que, lors de la discussion de la loi du 25 juin 1824, M. de Séguret proposa, comme amendement, le rétablissement de l'obligation de la déclaration de grossesse dont le manquement aurait constitué un délit correctionnel. Les conseils généraux consultés par le ministre de la justice avaient émis des vœux favorables à ce système. Cependant, l'amendement de M. de Séguret ne triompha pas et la déclaration de grossesse ne fut pas imposée (1).

Le but que l'on se proposerait en instituant cette obligation serait de faire cesser le secret de la grossesse, secret qui, bien gardé jusqu'à la délivrance, entraîne presque fatalement la mère au crime d'infanticide. Mais ce moyen semble bien faible et nous paraît peu apte à réaliser le but qu'on lui assigne. La mère, décidée, dans la crainte du déshonneur, à faire disparaître son enfant, reculera-t-elle donc devant le délit correctionnel de manquement à l'obligation légale de déclaration de grossesse? Une simple amende, seule sanction raisonnable de cette obligation, lui fera-t-elle peur? Non. Bien plus, rien ne prouve que la mère, qui aura déjà désobéi à la loi, ne puisera pas, au moment de ses couches, dans l'accomplissement même de son délit, une raison de plus de faire disparaître son nouveau-né. Le système de la déclaration de grossesse est donc, à notre avis, tout à fait impropre à combattre l'infanticide.

Les seuls moyens, selon nous, susceptibles d'opposer un frein puissant à la marche de ce crime, seraient l'organisation des tours et la recherche de la paternité.

L'institution des tours, en offrant aux filles-mères un moyen commode de remettre en dépôt à des établissements hospitaliers leurs enfants nouveau-nés, sans être vues ni connues de personne, constituerait un procédé efficace qui les empêcherait de recourir au crime. Désormais, assurées de pouvoir se débarrasser d'eux, elles ne les supprimeraient plus.

(1) Bouton, Thèse, p. 213.

Les tours sont des cylindres en bois, susceptibles de tourner sur eux-mêmes au moyen d'un pivot, et présentant une face convexe du côté de la rue, une face concave qui donne dans un appartement de l'établissement hospitalier. Pendant la nuit, la mère s'approche, pèse sur le bouton électrique qui fait faire une demi-révolution au cylindre, dépose son enfant, pèse une deuxième fois sur le bouton et le cylindre reprend sa position primitive; les employés de l'hospice recueillent alors l'enfant. Ce système, que l'on devrait adopter de nos jours, est certainement celui qui offre le plus de facilité et de sécurité à la mère.

Autrefois, le tour était fréquemment compris de cette façon, sauf, bien entendu, le bouton électrique. Cependant il affectait parfois une autre forme : une petite fenêtre était percée dans le mur de l'hospice et munie de deux portes, l'une intérieure, l'autre extérieure, entre lesquelles était disposé un petit berceau; le nouveau-né était déposé et le simple mouvement d'ouverture de la porte extérieure faisait marcher un signal, généralement une sonnette ([1]), qui avertissait du dépôt le personnel de l'établissement.

Les tours sont d'origine italienne et furent importés en France à une époque impossible à préciser, peut-être au moment où Guido, fils de Guillaume, comte de Montpellier, fonda en cette ville l'hôpital du Saint-Esprit ([2]). Saint Vincent de Paul, à qui on attribue à tort leur invention, ne fut que leur propagateur zélé et le restaurateur généreux des hospices d'enfants trouvés. Dans notre ancien droit, ils eurent pour but de remédier aux inconvénients des crèches placées à la porte des églises et de faciliter l'hospitalisation des nouveau-nés exposés; ils présentaient aussi l'avantage de sauve-

---

([1]) Fuzier-Herman, *Répertoire du droit français*, v° *Enfants assistés*, n. 99.
([2]) *Pandectes françaises*, v° *Assistance publique*, n. 641.

garder plus sûrement la réputation de la mère. Néanmoins, ils ne se généralisèrent pas d'une façon complète et uniforme dans notre ancienne France et, jusqu'au décret du 19 janvier 1811, demeurèrent à l'état de pratique purement locale.

La Révolution et le premier Empire adoptèrent l'admission des enfants à bureau ouvert dans les hospices, sans formalité aucune et sans production de l'acte de naissance (¹). Signalons cependant la loi de la Convention du 28 juin 1793 qui prescrivait un mode d'assistance pour les maternités secrètes. Dans cette excellente disposition législative, il était dit : « Dans chaque district, il sera créé une maison où la fille enceinte pourra se retirer pour faire ses couches et où elle pourra entrer à toute époque de sa grossesse qu'elle voudra. Il sera pourvu par la nation à tous ses besoins, jusqu'à ce qu'elle soit complètement rétablie de ses couches. Le secret le plus absolu sera gardé sur tout ce qui la concerne ».

Le décret du 19 janvier 1811 constitue une mesure des plus importantes. Devant l'accroissement effrayant du nombre des infanticides, en vue de diminuer la mortalité des enfants nouveau-nés, il organisa officiellement l'institution du tour. Son article 3 décidait que, dans chaque hospice destiné à recueillir les enfants trouvés, il y aurait un tour où ils devraient être déposés et l'article 4 ajoutait que, dans chaque arrondissement, il y aurait un hospice destiné à recueillir les enfants abandonnés et où fonctionnerait le système du tour. L'abandon de l'enfant n'est puni par la loi pénale que s'il est accompagné de délaissement et le décret de 1811 a voulu que jamais les parents ne pussent se préva-

(¹) A. Bonde, *De la condition civile des enfants abandonnés et des orphelins,* Thèse Paris, 1883, p. 98.

loir d'aucune circonstance de fait de nature à légitimer ce
délaissement (¹). Mais, malgré les prescriptions de ce décret,
les hospices d'enfants trouvés n'acceptèrent pas tous le tour,
et, sur 313 dépôts alors existant en France, 55 en furent privés (²). D'autre part, six départements, principalement dans
la région de l'Est, n'en ouvrirent pas non plus.

Bientôt, les conseils généraux firent entendre des protestations très vives contre le système des tours : cette institution,
d'après leurs dires, grevait très lourdement le budget des
départements et favorisait par trop, non seulement l'abandon
honoris causâ et pour cause de misère des enfants illégitimes,
mais encore celui d'un nombre considérable d'enfants légitimes. Par ailleurs, malgré l'article 21 du décret qui érigeait
en délit correctionnel le fait de transporter avec habitude et
continuité les enfants au tour, ou faisait ressortir les abus
odieux auxquels se livraient dans ce sens beaucoup de sages-
femmes (³).

Dès lors, commença une ère de réaction contre le système
des tours. En 1834, une proposition de loi fut soumise aux
Chambres qui demandait la réduction du nombre des tours
et la répartition des frais financiers par moitié entre les départements et les communes : elle fut repoussée. Déjà, en 1827,
pour obvier à l'accroissement énorme des abandons, on
s'était efforcé de décourager les parents soit en les privant
volontairement de renseignements sur leurs enfants, soit en
déplaçant ces enfants d'un hospice dans un autre (⁴). En 1837,
le préfet de police interdit aux sages-femmes de faire les

(¹) *Pandectes françaises*, v° *Assistance publique*, n. 642.
(²) *Pandectes françaises*, v° *Assistance publique*, n. 643.
(³) J.-B. Say, *Economie politique pratique*, V, p. 360, VI, p. 242 et de Gouroff, *Essai sur l'histoire des enfants trouvés*. Paris, 1829.
(⁴) Fuzier-Herman, *Répertoire*, v° *Enfants assistés*, n. 101.

abandons qui diminuèrent dès lors considérablement. Des mesures prohibitives ne tardèrent pas également à être prises dans les départements, malgré les protestations ardentes et indignées de Lamartine. Une série de dispositions administratives, émanées des préfets et des conseils généraux, vinrent contribuer annuellement et méthodiquement à la suppression des tours. Nous lisons dans le *Répertoire alphabétique de Droit Français* (v° *Enfants assistés,* n° 103) :

« Aucune loi n'intervint pour opérer d'ensemble et d'un seul coup cette suppression ; on y procéda administrativement, et cette suppression fut le résultat final et logique d'une série d'efforts impuissants pour améliorer le mode d'admission à l'assistance : les préfets reçurent le droit de maintenir ou de fermer les tours après avis préalable des conseils généraux. Certains prescrivirent la diminution des heures d'ouverture du tour ; d'autres le firent surveiller, ce qui était lui enlever son unique avantage, la garantie du secret ; le plus grand nombre le supprimèrent purement et simplement, tandis que cette suppression était attaquée par les uns comme illégale, par les autres comme contraire à l'esprit de charité chrétienne ». En 1848, le nombre des tours n'était plus que de cinquante-sept ([1]).

En 1849, le ministre de l'Intérieur, désireux d'unifier à cet égard la législation de la France, nomma une commission d'enquête chargée d'étudier la question de l'abolition complète ou du rétablissement général des tours. Cette commission, malgré les vœux de cinquante-cinq conseils généraux favorables à l'institution, se prononça pour la suppression. Au contraire, une proposition de M. Thiers qui proposait le rétablissement des tours, après avoir été adoptée par une

---

([1]) Béquet, *Répertoire de droit administratif,* v° *Assistance,* n. 255.

seconde commission, fut soumise au Conseil d'Etat et n'aboutit pas ([1]). Enfin, vers 1862, tous les tours, soit à Paris, soit
en province, furent supprimés peu à peu par voie administrative.

Cependant, depuis cette époque jusqu'en 1877, le nombre
des infanticides grossit d'une façon si inquiétante que l'on
dut encore, à ce moment, se préoccuper sérieusement du
rétablissement des tours. Signalons la pétition adressée au
Sénat par le docteur Brochard et dans laquelle il proclamait
énergiquement que le « grand fauteur et le grand coupable de
la marche ascendante de l'infanticide et de l'avortement que
l'on pouvait constater de l'année 1822 à l'année 1874 n'était
autre que la suppression du tour ». Sur le rapport de
M. Bérenger, la pétition fut prise en considération et ren-
voyée devant les ministres de l'Intérieur et de la Justice
(séance du Sénat du 23 février 1877). M. Bérenger déposa
alors, le 16 février 1878, sur les bureaux du Sénat, une proposition de loi demandant le rétablissement des tours dans
chaque arrondissement et la recherche de la paternité, proposition qui fut prise en considération par le Sénat le
31 mai 1878. De son côté, M. de Lacretelle déposait à la
Chambre des députés, le 29 janvier 1878, une autre proposition réclamant la restauration des tours, et demandant qu'il
en fût installé un dans chaque mairie : ces deux propositions
échouèrent.

Mentionnons en passant la proposition de M. de la Fer-
ronays faite à la Chambre des députés le 11 novembre 1890
pour réclamer l'ouverture d'un tour à Paris, proposition
qui, vivement combattue par M. Reinach, fut repoussée par
la Chambre; celle faite par M. Dulau, député, le 18 mars 1897,

---

([1]) Béquet, *Répertoire de droit administratif*, v° *Assistance*, n. 256.

et qui, à l'imitation de la loi de la convention de 1793, avait pour but de venir en aide aux filles-mères par des secours, de rétablir les tours et d'assurer le secret de la maternité: elle n'aboutit pas non plus.

Enfin, d'après le journal *le Soleil* du 14 février 1905, le conseil général de la Somme, agissant en vertu des pouvoirs que lui confère la loi du 10 août 1871, viendrait de rétablir à Amiens le tour dont la suppression avait été autorisée en juillet 1838. Ce nouveau tour fonctionnerait depuis le 1er janvier de cette année. Mais il ne s'agirait plus de la boîte cylindrique et tournante d'autrefois : ce serait un bureau portant l'enseigne de l'Assistance publique.

Le système qui a remplacé l'institution des tours est celui de l'admission de l'enfant à bureau ouvert dans les hospices. Cette admission, telle qu'elle se pratique en France, surtout à Paris, en vertu de la décision ministérielle du 5 mars 1852, laisse place à beaucoup de critiques. La personne qui se présente pour abandonner l'enfant, et le plus souvent c'est la mère elle-même, doit comparaître devant l'employé préposé à l'admission qui lui fait subir tout un interrogatoire sur l'état civil de l'enfant, sur son domicile, sur les personnes tenues à son égard de la dette alimentaire. L'acte de naissance de l'enfant est en outre demandé. On fait observer il est vrai que d'une part l'employé doit avertir la mère qu'elle n'est pas obligée de répondre aux questions qui lui sont posées et que, d'autre part, l'acte de naissance peut, conformément à la loi, contenir la simple indication que l'enfant est né de père et mère inconnus. Mais il faut avouer que la comparution de la personne qui porte l'enfant, l'interrogatoire subi par la mère, le petit discours de morale et les exhortations que l'employé est tenu de lui adresser aux termes des instructions administratives, les formalités, en somme, quelque réduites qu'elles soient, dont on entoure l'admission, sont une très grande gêne pour la mère qui désire avant tout rester inconnue et laisser ignorer de tous son acte d'abandon. Le système de l'admission à bureau ouvert constitue donc un obstacle sérieux à la clandestinité qui doit entourer le dépôt des enfants abandonnés.

En vain objecte-t-on que les tours sont « un système de secours aveugle, dispensant de toute justification, encourageant dans une certaine mesure l'inconduite par la facilité qu'ils offrent d'échapper aux conséquences morales et matérielles d'une faute » ([1]). Nous répondons à cette critique et avec Lamartine que « la charité doit avoir, non des yeux pour voir ou des oreilles pour entendre, mais des bras pour recevoir ».

On a dit aussi que les tours détruisaient l'idée de famille et favorisaient l'abandon des enfants légitimes ; que certaines mères, après avoir déposé leurs enfants, trouvaient un profit à venir les reprendre ensuite comme nourrices et que les sages-femmes faisaient un commerce du transport des enfants des filles-mères au tour. Ces arguments ne sont pas décisifs. On pourrait, en effet, comme le décret de 1811, punir de peines correctionnelles les personnes qui viendraient, d'une façon habituelle, porter les enfants. Sans doute, la chose serait difficile par suite de la clandestinité du dépôt ; mais, avec de la bonne volonté, on arriverait bien vite à connaître, grâce au bruit public, les sages-femmes coupables de se livrer à ce métier ; la police n'ignore point, surtout dans les grandes villes, les matrones qui se livrent à la pratique continue et très rémunératrice des avortements.

Le système de l'admission dans les hospices à bureau

([1]) Fuzier-Herman, loc. cit., n. 113.

ouvert et la loi du 5 mai 1869 qui accorde des secours aux filles-mères ne constituent pas des garanties suffisantes contre l'infanticide. Ce crime étant déterminé dans la majorité des cas par la crainte du déshonneur, la seule façon de le prévenir sérieusement est d'organiser un moyen secret et sûr pour la mère de livrer à la sollicitude des institutions de bienfaisance la preuve vivante de sa faute. Le docteur Guigard, dans son ouvrage intitulé : « *Infanticide. Faut-il établir des tours ?* », dit avec beaucoup de raison (p. **27**) :

« Si les femmes résolues d'avance à se débarrasser du fruit de leur conception, dès qu'elles se voient enceintes, résolues à s'affranchir de ce témoin indestructible, quand même, de ce que nous nous contenterons d'appeler pour le moment une faiblesse, étaient assurées de trouver à leur portée, dans un endroit très discret, un asile où laisser leurs enfants, même en courant quelques risques, elles s'y rendraient. L'existence de l'enfant ne serait plus en question pour ces infortunées qui ne seraient plus ni sollicitées par le mal, ni menacées dans leur sécurité ; et la société profiterait de ce qui tournerait également au bénéfice de cette maternité honteuse d'elle-même. Mais la condition de l'asile, la base de l'institution, c'est que la dépositaire, comme dans le tour d'autrefois, puisse demeurer inconnue et ne soit en butte à aucune enquête ; le secret doit être absolu, la discrétion grande ; il doit y avoir là quelque chose de sacré et d'inviolable ».

Ajoutons à ces excellentes considérations que le tour ne ne doit pas être surveillé, car « ouvrir un tour et le surveiller, c'est tromper les malheureuses mères qui, confiantes, viennent déposer leur enfant et espèrent rester seules gardiennes de leur secret » ([1]). Il faudrait encore que le nom-

---

([1]) Fuzier-Herman, *loc. cit.*, v° *cit.*, n. 109.

bre des hospices ou fonctionnerait le tour fût assez grand et
que l'Etat imposât même aux communes les moins importantes, mais dont les ressources budgétaires seraient suffisantes,
l'établissement d'un tel système.

Convaincu de leur efficacité, nous souhaitons donc ardem-
ment le rétablissement des tours et espérons que des simples
considérations d'ordre financier ne seront pas un obstacle au
fonctionnement de cette institution si humanitaire et d'un
intérêt vital pour notre société.

A côté de l'institution des tours, la recherche de la paternité nous paraît être une réforme propre à compléter l'ensemble des mesures destinées à prévenir l'infanticide.

On sait qu'actuellement, dans notre législation positive,
l'art. 340 du Code civil déclare la recherche de la paternité
interdite. Une seule exception est admise dans le cas d'enlèvement de la mère, lorsqu'il a eu lieu à l'époque de la
conception : le ravisseur peut alors, aux termes du même
art. 340, être déclaré père de l'enfant.

Les raisons mises en avant en faveur de l'interdiction de la
recherche de la paternité sont loin d'être péremptoires. Le
législateur n'a pas voulu la permettre parcequ'elle se heurte
aux mystères dont la conception est entourée, à l'impossibilité de la preuve physiologique de la paternité ; parceque
les procès qu'elle aurait fait naître auraient été une source
de scandale ; parcequ'enfin d'honnêtes gens auraient pu se
trouver en butte aux calomnies, aux spéculations et aux tentatives de chantage des femmes de mauvaises mœurs. Nous
ne nions ni cette difficulté, ni ces périls ; mais nous croyons
que la législation actuelle aboutit, au point de vue moral, à
des résultats révoltants et qu'il faut absolument la réformer.
Il faut avoir le courage de protester énergiquement contre
une disposition qui fait de la femme une victime de l'homme,

qui livre ses intérêts et son honneur à la lâcheté et à l'égoïsme d'un séducteur.

Qui donc peut soutenir que le crime d'infanticide n'est pas, en grande partie, la conséquence de l'art. 340? Abandonnée par son séducteur à qui les devoirs de la paternité font peur et qui ne désire conserver sa liberté que pour courir à d'autres aventures, la fille-mère déshonorée perd le plus souvent son emploi, et, privée de ses moyens d'existence, impuissante même à pourvoir seule à l'entretien coûteux de son nouveau-né, elle le tue. Parfois, cependant, dans son triste abandon, ayant la fortune d'appartenir à une famille aisée, la malheureuse mère n'a pas à redouter pour elle et son enfant des jours de misère; mais le déshonneur? Mais sa vie brisée? Doit-elle donc supporter seule et parceque seule les terribles conséquences d'une faute commise à deux? Que fait donc son complice et de quel privilège inqualifiable jouit-il donc aux yeux d'une loi qui devrait voir en lui l'auteur principal de la faute première et l'instigateur du crime qui va suivre? Comment dès lors blâmer le jury quand il acquitte et quand il s'étonne de ne pas voir assis au banc d'infamie, à côté de la coupable, celui dont on invoque même parfois le témoignage?

Les objections faites à la recherche de la paternité ont été souvent réfutées. « Si l'on objecte encore les difficultés, ou, pour mieux dire, l'impossibilité que présente « la recherche de la paternité », nous dirons qu'évidemment nul n'a encore découvert le moyen de prouver physiologiquement la paternité, car, même dans le mariage, il ne peut y avoir que des preuves morales. Mais ces mêmes preuves morales peuvent être également fournies hors mariage » (¹).

(¹) V. l'exposé des motifs de la proposition de loi G. Rivet et Bérenger relative à l'abrogation de l'art. 340 du C. civ. Sénat, *Documents*, 1905, annexe n° 16 à la séance du 28 janvier 1905, p. 3 et 4.

En ce qui concerne la crainte du scandale et du déshonneur des familles, reconnaissons qu'ils sont la suite presque inévitable de bien d'autres procès que cependant le
législateur n'a pas cru pour cela devoir défendre. Il en est
ainsi des instances en divorce, des actions en désaveu de
paternité, devant les juridictions civiles, de l'examen du délit
d'adultère ou du crime de viol devant les juridictions répressives. On pourrait d'ailleurs éviter le scandale de la publicité
en ordonnant que les débats des procès en recherche de la
paternité auraient lieu à huis-clos.

Pour prévenir les calomnies et les tentatives de chantage,
il suffirait d'établir, et quant aux circonstances dans lesquelles la recherche de la paternité serait autorisée et quant aux
modes de preuve admis, des garanties de premier ordre
suffisamment efficaces pour protéger l'honneur des personnes et des familles. En outre, un châtiment sévère serait
réservé à la femme qui aurait intenté le procès de mauvaise foi.

Avec de telles précautions, la recherche de la paternité
cesserait d'être un danger et la loi serait conforme aux principes de l'équité naturelle et de la justice sociale.

Elle existait d'ailleurs dans notre ancien droit. C'était le
temps du célèbre brocard de Loysel « Qui a fait l'enfant doit
le nourrir ». On connaît l'ancienne maxime « *creditur virgini
parturienti* ». En vertu de cet adage, lorsque, dans les douleurs de l'enfantement, la jeune fille disait le nom de son
séducteur, auteur de sa grossesse, elle était crue sur sa simple
affirmation par le tribunal. Cette déclaration n'avait d'ailleurs
pour effet que de procurer à la jeune fille en couches une
provision *ad litem,* pour intenter l'action en recherche de la
paternité, et une pension alimentaire lui permettant de pourvoir aux « frais de gésine ». Le fond de la question de pater-

nité n'était tranché que par le procès au cours duquel la
demanderesse était tenue d'apporter des preuves plus
sérieuses de la paternité prétendue. Cette paternité, une fois
établie, avait pour conséquence d'obliger le père à fournir des
aliments à l'enfant.

De même, un assez grand nombre de législations étrangères admettent encore aujourd'hui la recherche de la paternité, en ayant soin, d'ailleurs, de l'entourer de garanties
suffisantes par prévenir des abus : il en est ainsi de l'Angleterre, de l'Espagne, de la plupart des cantons suisses, du
nouveau Code civil allemand.

Chez nous, dans ces dernières années, diverses propositions de loi tendant à modifier ou à abroger l'art. 340 du
Code civil ont été déposées devant les Chambres.

La proposition de M. Bérenger, déposée sur les bureaux
du Sénat le 16 février 1878, et que nous avons déjà men-
tionnée à l'occasion du rétablissement des tours, préconisait,
dans son art. 1er, la recherche de la paternité dans deux cas :
1° Dans les cas d'enlèvement, de viol ou de séduction,
lorsque l'époque de l'enlèvement, du viol ou de la séduction
se rapporte à celle de la conception ; 2° Dans le cas où existerait la possession d'état établie conformément à l'art. 321
du Code civil. Dans tous les autres cas, la recherche de la
paternité devait demeurer interdite. Mais, combattue par le
rapporteur de la commission, cette proposition fut repoussée
à la séance du Sénat du 10 décembre 1883 (¹).

Au mois de mai 1883, M. Gustave Rivet déposait en son
nom, à la Chambre des députés, une proposition abrogeant
l'art. 340 du Code civil. Aux termes de l'art. 1er de cette proposition, la recherche de la paternité était admise pourvu
qu'il y eût preuves écrites, ou faits constants ou témoignages

---

(¹) V. Pand. franç., v° Enfants naturels, n. 88.

suffisants; l'art. 2 déclarait que, si le père refusait d'épouser la mère, celle-ci était en droit de réclamer des dommages-intérêts et des aliments pour l'enfant; d'après l'art. 3, la femme pouvait déclarer sa grossesse, désigner le père et introduire l'instance trois mois avant la délivrance. Cette proposition ne vint jamais en discussion et, en 1900, M. Rivet pouvait dire que, présentée à chaque législature, elle revenait pour la quatrième fois devant la Chambre. Son texte, modifié à la suite des observations de la commission, fut d'ailleurs l'objet d'un rapport favorable de M. Viviani, à la date du 24 décembre 1900; mais cette fois encore, elle n'aboutit pas et la législature s'acheva sans qu'elle pût être l'objet d'aucun débat (¹).

M. Rivet, élu depuis sénateur, vient, avec M. Bérenger, de reprendre la réforme de notre législation. Associant leurs efforts et fusionnant les textes de leurs propositions primitives, ils ont, à la séance du Sénat du 28 janvier 1905, déposé une nouvelle proposition de loi relative à l'abrogation de l'art. 340.

L'art. 1ᵉʳ et l'art. 2 établissent les cas dans lesquels la recherche de la paternité sera admise :

« La paternité hors mariage peut être judiciairement déclarée, nous dit l'art. 1ᵉʳ :

1° Dans le cas de rapt, d'enlèvement ou de viol, lorsque l'époque du rapt, de l'enlèvement ou du viol légalement constatée se rapportera à celle de la conception ;

2° Dans le cas de séduction accomplie à l'aide de manœuvres dolosives, abus d'autorité, promesse de mariage ou fiançailles, à une époque contemporaine de la conception, et s'il existe un commencement de preuve par écrit susceptible de rendre admissible la preuve par témoins ».

Ce texte met donc sur la même ligne que l'enlèvement les

(¹) V. Pand. franç., v° Enfants naturels, n. 89 et v° Paternité, n. 641, 643.

cas de rapt ou de viol que l'art. 340 actuel ne prévoit pas ; en outre, il admet la recherche de la paternité dans le cas de séduction mais à la condition qu'elle aura été accompagnée de dol, de tromperie, de fallacieuses promesses de mariage, ou encore s'il y a eu fiançailles, ou enfin lorsqu'elle aura été le résultat d'un abus d'autorité tel que la domination exercée par le maître sur la domestique, le patron sur l'ouvrière, le supérieur hiérarchique sur la fonctionnaire ou l'employée qui lui est subordonnée. Dans tous ces cas où la faiblesse de la femme est rendue excusable par une erreur ou l'espoir d'un prochain mariage, par une manœuvre dolosive ou une contrainte morale, la séduction pourra servir de base à l'action en reconnaissance de paternité, pourvu, bien entendu, qu'elle coïncide avec l'époque de la conception. D'ailleurs, pour plus de sûreté, il doit exister un commencement de preuve par écrit destiné à corroborer la preuve testimoniale.

L'art. 2 déclare « l'action en recherche de la paternité également recevable :

» 1° S'il existe des lettres, missives ou quelqu'autre écrit privé signés par le père prétendu et desquels il résulte un aveu non équivoque de paternité au profit de l'enfant;

» 2° S'il y a eu cohabitation notoire entre le père prétendu et la mère, pendant la période légale de la conception, et s'il est établi que le père prétendu a pourvu d'une façon régulière à l'entretien et à l'éducation de l'enfant ».

La recherche de la paternité est donc permise dans deux autres cas : celui d'un aveu écrit, et celui d'une cohabitation notoire entre le père prétendu et la mère, pendant la période légale de la conception, lorsque, dans ce dernier cas, le père a pourvu régulièrement à l'entretien et à l'éducation de l'enfant. Ce fait d'avoir cohabité d'une façon notoire avec la mère et d'avoir subvenu aux besoins de l'enfant constitue bien en effet un aveu tacite de paternité de la part du prétendu père, une sorte de possession d'état pour l'enfant qui a été traité comme tel; nous trouvons une disposition analogue dans l'art. 1717 du Code civil allemand auquel le texte du 2° de cet art. 2 a peut-être été emprunté; quant à l'aveu du père, il figure dans l'art. 135 du Code civil espagnol.

Pour ne pas laisser les hommes honnêtes et loyaux en butte aux insinuations calomnieuses et aux menaces de chantage des femmes de mauvaise vie, l'art. 3 établit deux exceptions aux cas de recherche de la paternité prévus par les art. 1 et 2:

« L'action en recherche de la paternité ne sera pas recevable : 1° s'il est établi que, pendant la période légale de conception, la mère a eu commerce avec un autre individu ou si elle est d'une inconduite notoire; 2° si le demandeur était lui-même dans l'impossibilité physique d'être père de l'enfant ».

Cette proposition de loi établit encore un certain nombre d'autres garanties tutélaires pour obvier à tous les dangers qui pourraient résulter des abus d'une telle recherche; c'est ainsi que, d'après l'art. 5, l'action en recherche de la paternité ne doit être intentée, à peine de déchéance, que dans l'année qui suit l'accouchement, ou bien encore pendant un an après la rupture des relations, et au plus tard un an après la majorité de l'enfant, si le père prétendu a contribué à l'entretien de l'enfant et si l'union de fait a subsisté entre lui et la mère.

L'action en recherche de la paternité n'appartient qu'à l'enfant. Elle doit étré introduite par la mère au nom de l'enfant, et, à son défaut, par un tuteur *ad hoc* nommé par le tribunal, à la requête du procureur de la République. Quant à la mère, elle ne pourra exercer contre son séducteur et en son propre nom, que l'action en indemnité basée sur l'art. 1382 du Code civil : ainsi s'exprime l'art. 4. A cet égard on sait qu'actuellement la jurisprudence française, sans violer la lettre de l'art. 340 et sans par conséquent rechercher la paternité, prend un détour habile qui consiste à accorder à la fille-mère et contre son séducteur des dommages-intérêts fondés sur le préjudice résultant de la séduction, de la grossesse et de la charge des enfants, et même à déclarer valable l'écrit du père supposé contenant engagement de pourvoir aux besoins de l'enfant (¹).

L'art. 6 interdit, sous la menace des peines édictées par l'art. 39 de la loi du 29 juillet 1881 sur la diffamation, la reproduction des débats du procès en recherche de la paternité, dont l'action doit être portée devant le tribunal du lieu de l'accouchement. Seuls, les jugements définitifs pourront être publiés.

Enfin l'art. 8, en vue de prévenir des tentatives calomnieuses ou de chantage, déclare que, lorsque le procès aura été intenté de mauvaise foi, le demandeur sera puni des peines du § 2 de l'art. 400 du Code pénal qui frappe les auteurs de menaces écrites ou verbales, de révélations ou d'imputations diffamatoires, d'un emprisonnement de un an à cinq ans et d'une amende de cinquante francs à trois mille francs. A ces peines les juges devront joindre obligatoirement celle de l'interdiction de séjour.

En résumé, le texte de cette proposition, comme le dit l'exposé des motifs, « prend toutes les mesures nécessaires pour que la réforme ne soit pas un trouble jeté dans la société. Bien au contraire, c'est une criante injustice que cette réforme corrige, c'est un funeste mal qu'elle guérit » (²). A la suite du rapport sommaire fait par M. Guillier, sénateur, au nom

(¹) Planiol, *Tr. de dr. élém. de dr. civ.*, I, n. 2273-2275.
(²) *Annexe* n. 16, déjà cité.

de la première commission d'initiative parlementaire, cette proposition a d'ailleurs, été prise en considération par le Sénat le 16 mars 1905 ('), et nous faisons des vœux ardents pour son vote définitif : l'abrogation de l'art. 340 entraînera, nous en sommes convaincu, la diminution des infanticides dans une très grosse proportion.

Sans doute, pas plus le rétablissement des tours que la recherche de la paternité ne supprimeront entièrement le meurtre des nouveau-nés, mais ces deux réformes seront, dans leur sphère, le corollaire nécessaire, le complément indispensable de la loi du 21 novembre 1901 dont nous avons fait ressortir tous les bienfaits, mais qui, seule, ne suffit pas à la tâche.

Pour triompher définitivement de l'infanticide, ce ne sont pas de simples textes qu'il faut porter ou modifier. Ce qu'il faudrait, c'est une transformation complète des mœurs, un bouleversement des habitudes sociales, la destruction des préjugés ; ce qu'il faudrait, c'est arracher le noir égoïsme du cœur de l'homme. Toutes choses, hélas, impossibles ! Cependant, si le mal est profond il n'est pas sans remède et il est permis d'espérer que, dans un avenir très prochain, on aura conjuré le fléau de l'infanticide qui touche de si près, dans notre pays, la question poignante de la dépopulation et du relèvement de la natalité.

('') Sénat, *Débats*, 1905, *J. off.* du 17 mars 1905.

VU : LE PRÉSIDENT DE LA THÈSE :   VU : LE DOYEN :

MARANDOUT.   H. MONNIER.

VU ET PERMIS D'IMPRIMER :

Bordeaux, le 30 mai 1905,

Le Recteur de l'Académie,

RAYMOND THAMIN.

Les visas exigés par les règlements ne sont donnés qu'au point de vue de l'ordre public et des bonnes mœurs (Délibération de la Faculté du 12 août 1879).

BIBLIOGRAPHIE

ARCHIVES D'ANTHROPOLOGIE CRIMINELLE, de criminologie et de psychologie normale et pathologique.

ARISTOTE. — La morale et la politique d'Aristote. Traduction Thurot. Paris, 1823-1824, 2 vol.

BECCARIA. — Des délits et des peines. Paris, 1856.

BLANCHE. — Etudes pratiques sur le Code pénal, 2e édit. Paris, 1888-1891, 7 vol.

BOITARD, DELINAGE et VILLEY. — Leçons de droit criminel, 13e édit. Paris, 1890.

DU BOYS. — Histoire du Droit criminel des peuples européens et des peuples modernes, 2e édit. Paris, 1865-74, 6 vol.

BRIAND et CHAUDÉ. — Manuel complet de médecine légale. 1879-1880. Paris, 2 vol.

BROUARDEL. — L'Infanticide. Paris, 1897.

BULLETIN des arrêts de la Cour de cassation rendus en matière criminelle.

BULLETIN de la Société de législation comparée.

CASPER. — Traité pratique de médecine légale. Paris, 1862, 2 vol.

CHAUVEAU et FAUSTIN-HÉLIE. — Théorie du Code pénal, 6e édit. Paris, 1887-1883, 6 vol.

CODE PÉNAL BELGE. — Edition annotée par E. de Brandner. Bruxelles, 1884.

CODE PÉNAL. — 3 brumaire an IV. Paris, 1802, 2 vol.

COMPTE GÉNÉRAL de l'administration de la Justice criminelle. France-Algérie-Tunisie.

CUQ. — Institutions juridiques des Romains. Paris, 1891-1902, 2 vol.

DALLOZ. — Jurisprudence générale.

— Répertoire, vo Crimes et délits contre les personnes.

— Supplément au Répertoire, vo Crimes et délits contre les personnes.

DUVERGIER. — Collection complète des lois, décrets et ordonnances.

ESQUIROL. — Maladies mentales. Paris, 1838.

EUSÈBE DE SALLES. — Traité de médecine légale.

GARÇON. — Code pénal annoté. Paris, 1904.

GARRAUD. — Traité théorique et pratique de droit pénal français. 2e édit. Paris, 1898-1902, 6 vol.

GIRARD. — Manuel élémentaire de Droit romain. 2e édit. Paris. 1898.

— Textes de Droit romain. Paris, 1890.

DE GOUROFF. — Essai sur l'histoire des enfants trouvés. Paris, 1829.

Journal officiel de la République française.

— Débats parlementaires.

— Documents parlementaires.

DE LA GRASSERIE. — Codes suédois de 1734, civil, pénal, commercial traduits. Paris, 1895.

LE GRAVEREND. — Traité de la législation criminelle en France. Paris-Rouen, 1823, 2e édit., 2 vol.

LE POITTEVIN. — Dictionnaire formulaire des parquets, 1884-1886, 8 vol.

LISZT. — La législation pénale comparée (le Droit criminel des Etats européens). Berlin-Paris, 1894.

LUICHINI LUIGI. — Le Droit pénal et les nouvelles théories, traduit de l'Italien par Prudhomme. Paris, 1892.

LOCRÉ. — La législation civile, commerciale et criminelle de la France (Code pénal, 3 vol.). Paris, 1831-1832.

LOMBROSO. — L'homme criminel. Paris, 1887.

MARCÉ et CALMEIL. — Traité de la folie des femmes enceintes, des nouvelles accouchées et des nourrices et considérations médico-légales qui se rattachent à ce sujet. Paris, 1858.

MARTINET et DARESTE. — Code pénal hongrois. Des crimes et délits, 28 mai 1878 et des contraventions, 14 juin 1879. Paris, 1885.

MERLIN. — Répertoire universel et raisonné de jurisprudence, 1827-1828, v° *Grossesse, Infanticide.*

MOLINIER. — Traité théorique et pratique du droit pénal, annoté par G. Vidal Paris, 1893, 2 vol.

MORIN. — Répertoire général de droit criminel, 2 vol., v° *Parricide.*

— Dictionnaire de droit criminel.

NOUGUIER. — La Cour d'assises. Traité pratique. Paris, 1860, 5 vol.

ORTOLAN. — Eléments de droit pénal, 4e édit. Paris, 1875, 2 vol.

PANDECTES FRANÇAISES. — V° *Assistance publique, Enfants naturels, Infanticide, Paternité.*

DE PASTORET. — Histoire de la législation. Paris, 1817, 4 vol.

PLANIOL. — Traité élémentaire de droit civil, 1re édition. Paris, 1900-1901. 3 vol.

RAUTER. — Traité théorique et pratique de droit criminel français. Paris, 1836, 2 vol.

RÉPERTOIRE DU DROIT FRANÇAIS. — V° *Enfants assistés, Infanticide.*

REVUE CRITIQUE DE LÉGISLATION (Wolowski).

ROLLAND DE VILLARGUES. — Codes criminels, 5e édit. Paris, 1877, 2 vol.

ROSSI. — Traité de droit pénal, 4e édit. Paris, 1872. 2 vol.

SALEILLES. — Individualisation de la peine. Paris, 1898.

STEPHEN. — New commentaries on the laws of England. London, 1874. 4 vol.

SIREY. — Recueil général des lois et des arrêts en matière civile, criminelle, administrative et de droit public.

TRIPELS. — Codes néerlandais, traduits par Tripels. Paris, 1886.

TARDIEU. — Etude médico-légale sur l'infanticide. 1868.

TARDE. — Philosophie pénale, 2e édit. Paris, 1891.

— Criminalité comparée, 5e édit. Paris, 1902.

WINTGENS. — Code pénal des Pays-Bas (3 mars 1881). Paris, 1883.

Thèses.

BONDE. — De l'Infanticide. Paris, 1883.

BOUTON. — Id. Paris, 1898.

DURAND. — Id. Paris, 1904.

TABLE DES MATIERES

28,271. — Bordeaux, Y. Cadoret, impr., rue Poquelin-Molière, 17.